# LE CAPITAINE

# Breil de Bretagne

## BARON DES HOMMEAULX

*Gouverneur d'Abbeville, de Saint-Quentin et de Granville*

D'APRÈS LES MÉMOIRES CONTEMPORAINS ET DES DOCUMENTS INÉDITS

### 1503-1583

PAR LE COMTE DE PALYS

## RENNES

J. PLIHON & L. HERVÉ, LIBRAIRES-ÉDITEURS

*Rue Motte-Fablet, 5*

1887

LE CAPITAINE

# Breil de Bretagne

# LE CAPITAINE

# Breil de Bretagne

BARON DES HOMMEAULX

*Gouverneur d'Abbeville, de Saint-Quentin et de Granville*

D'APRÈS LES MÉMOIRES CONTEMPORAINS ET DES DOCUMENTS INÉDITS

## 1503-1583

PAR LE COMTE DE PALYS

RENNES

J. PLIHON & L. HERVÉ, LIBRAIRES-ÉDITEURS

*Rue Motte-Fablet, 5*

1887

Un heureux hasard m'a fait retrouver quelques documents sur la vie d'un capitaine breton mêlé aux grandes luttes de Henri II et de Charles-Quint, plusieurs fois prisonnier, couvert de blessures au service de la France, et qui, ayant exercé de grands et importants commandements, cité avec honneur par tous les écrivains militaires de l'époque [1], est cependant assez inconnu dans son pays pour que du Paz seul lui ait consacré une page, copiée depuis par tous les généalogistes qui ont suivi.

J'ai pensé qu'il serait intéressant de publier ces pièces inédites, parmi lesquelles se trouvent une lettre de Catherine de Médicis, et plusieurs autres des plus grands seigneurs de la cour, ne fût-ce que pour les soustraire aux hasards des révolutions particulières ou nationales ; je veux dire aux souris de la famille ou aux pillages de la République, hasards auxquels elles ont échappé miraculeusement jusqu'à ce jour.

Néanmoins je demande pardon d'avance aux quelques lecteurs qui me feront la grâce d'ouvrir ce livre, de l'intérêt très restreint qu'il pourra leur offrir.

---

[1] Mémoires de Rabutin, de Mergey, de l'amiral de Coligny, de Blaise de Montluc, etc.

Quels que soient les longs et brillants services du capitaine Breil, il est clair que sa figure n'est pas assez marquante pour être autre chose qu'une gloire locale dans son pays et sa famille. Mais enfin, il a été mêlé à de grands événements, il a fréquenté intimement les plus illustres personnages de son époque, il a occupé une éminente position en Bretagne [1]. C'est pourquoi, outre l'histoire de ses faits de guerre, les documents plus familiers qui le montrent avec son courage, son dévouement, son style soldatesque, ses brutalités même, qui sont celles de son époque, forment le tableau assez exact de la vie d'un gentilhomme breton au xvie siècle, et à ce titre peuvent présenter un certain intérêt. J'ai, de plus, essayé de déterminer la personnalité de quelques-uns de ses compagnons d'armes, assez difficiles parfois à retrouver sous les noms de terres et de seigneuries qui remplacent le nom patronymique, afin que sa biographie nous le montrât comme il était pendant sa vie, entouré de ses parents et amis qu'il « exerçait à suivre les guerres, et qu'il aimait à mettre en réputation et crédit [2] » près des quatre rois de France qu'il eut l'honneur de servir.

Je veux d'abord raconter comment j'ai retrouvé ce dossier dont je soupçonnais seulement l'existence. Ces petits bonheurs d'archéologue pourront intéresser mes

---

(1) Les mémoires manuscrits du temps l'appellent « un grand homme de guerre ». *Copies anonymes de la Réformation de 1668.* (Archives du château du Chesne-Ferron et autres.)

(2) Du Paz, p. 775.

confrères et inspirer à d'autres le respect des vieux papiers.

Il est évident que le capitaine Breil ou Breul[1] dont j'écris l'histoire fut de suite regardé comme une des gloires de sa maison, déjà illustre cependant par son antiquité et ses services, puisqu'en 1621, environ trente-huit ans après sa mort, son petit-neveu et héritier Renaud du Breil, sieur des Hommeaux, devenu aussi seigneur de la Bourbansais, prêtait toutes les lettres que je publie aujourd'hui à son cousin François du Breil de Rays-Mallerie, en ayant bien soin d'en exiger un reçu[2].

Pendant longtemps, en effet, et quoique le nom même de du Breil fût éteint chez les seigneurs de la Bourbansais, devenus les Huart[3], ces lettres et papiers

(1) Je préviens mes lecteurs, une fois pour toutes, que j'écrirai son nom de toutes les manières, selon qu'il me viendra au bout de la plume. L'orthographe en a tant varié que je ne peux m'astreindre à en adopter une seule, et selon que tel ou tel document portera *Breil*, *Breul*, *Breuil*, *du Breil* ou *le Breul*, je le suivrai instinctivement.

(2) « Mémoire des lettres, enfeignements & actes que Monsr du Breil des Hommeaux baille par prêt & accommodation à Monsr de Raiz-Mallerie. Le quel par un reçu autographe promet les rendre à vollonté : fait à Paris, le 19 avril 1621. Signé François du Breil, fieur de Rays. » Et au dos est écrit, quatre-vingts ans plus tard, de la main de Jacques Huart, sieur de la Bourbansays, petit-fils du prêteur : « Papier à garder touchant les titres & qualités du capitaine Breil. »

(3) Huart, seigneur de Bœuvres, de la Garoulais, de la Roche-Colombière, de la Barre, de la Bourbansais, ont produit six conseillers au Parlement de Bretagne (*d'argent au gerfaut de sable, becqué et membré d'azur*). Louise Huart de la Bourbansais, dernière du nom, épousa en 1731 Gabriel-René de la Forest d'Armaillé, conseiller au Parlement. La famille de la Forest d'Armaillé (*d'argent au chef de sable*) a produit dix conseillers au Parlement de Bretagne et de Paris; une abbesse de Saint-Sulpice, près Rennes; des chevaliers de Malte et de Saint-Lazare, etc... La branche de Bretagne s'est éteinte en la personne de

furent conservés avec soin. Ils se trouvent encore minutieusement classés en tête d'un inventaire des archives de ce manoir, daté du 16 novembre 1716 [1]. Mais enfin, avec le temps le souvenir s'en éloigne. Vers le milieu du XVIIIe siècle, l'avant-dernier propriétaire, du nom de Huart, conseiller au Parlement, ne s'occupait guère que de faire des procès à ses voisins et de griffonner d'énormes registres contenant les redevances de ses vassaux.

A père avare fils prodigue! Son fils, dernier du nom, négligeait, quoique doyen au Parlement, ses archives pour ses jardins, et préférait orner son château avec une magnificence dont les traditions sont encore vivantes dans le souvenir de ses arrière-neveux ; les traces de cette splendeur existent encore, entretenues et restaurées avec un extrême bon goût par le propriétaire actuel [2].

Il n'est donc pas étonnant que les états de service du capitaine Breil aient disparu, sinon des archives, au moins des inventaires. Ce fut bien pis encore quand une nouvelle alliance changea une troisième fois le nom des seigneurs du lieu.

Mmes de Lorgeril et de Palys, représentant la descendance du capitaine Breil et de son frère nommé aussi François, et connu sous le nom de capitaine la Roche.

(1) Archives du château de la Bourbansais.

(2) M. le vicomte Charles de Lorgeril, qui, depuis que ces lignes sont écrites, a été enlevé à l'affection de sa famille et de son pays. Le majestueux manoir de la Bourbansais et tous ses souvenirs sont conservés pieusement par son fils M. le vicomte Charles de Lorgeril, qui en comprend tout le prix.

D'ailleurs, la révolution approchait, le temps n'était plus guère aux titres nobiliaires, et personne ne connaissait l'existence de ces actes, conservés autrefois avec un soin si jaloux. Lorsque quatre-vingts ans après, par la gracieuse permission du propriétaire, je voulus rechercher le souvenir de notre auteur commun et compléter les renseignements que mes propres archives m'avaient fournis sur lui, d'induction en induction, calculant les probabilités, excluant les lignes féminines, où, d'après les règles d'autrefois, les archives n'avaient pas dû entrer, arrivant ainsi jusqu'aux deux dernières héritières de la famille d'Armaillé, et étant assuré que, parmi les papiers que j'ai, je ne possédais point ces lettres, je dus me dire qu'elles étaient encore à la Bourbansais, pourvu que les pillages de 1791 et de 1794 les eussent respectées. Mais je me disais aussi qu'en raison de la progression descendante de l'intérêt qu'elles avaient inspiré, je les retrouverais dans le coin le plus noir des archives, et, par une intuition absolument certaine, je *les voyais* dans les plus hauts rayons où, à mon avis, elles avaient dû monter peu à peu en quittant la place d'honneur qu'elles occupaient il y a plus de deux siècles.

Explorant du premier coup la planche la plus élevée d'une armoire qui ne l'avait pas été depuis cent ans, je plonge la main au plus profond et j'en retire d'abord des détritus de toutes sortes qui me firent trembler pour les signatures royales! puis, reprenant courage et fouillant plus avant, ma main rencontre un paquet assez épais que j'attire au grand jour. C'étaient les bienheureuses lettres, que je retrouvais précisément à l'endroit même où, par un calcul mathématiquement exact, quoique archéologique, je m'étais dit qu'elles devaient dormir; et j'ai eu le plaisir de les retrouver respectées par les souris, malgré le dangereux et appétissant encollage qu'on leur avait fait subir pour les protéger en les doublant d'un papier plus épais, à l'époque peut-être où on se les passait dans toutes les branches de la famille du Breil, pour l'honneur du nom.

J'en étais là de ma découverte, et j'avais commencé mon travail avec ces seuls documents, quand un hasard heureux me fit lire dans un journal une éblouissante nomenclature des richesses que renferment les archives de S. A. S. Mgr le prince de Monaco.

En effet, sans compter les chartes originales de toutes les époques, on y trouve par centaines des lettres autographes de François Ier, de Henri III, de Catherine de Médicis, de Henri IV, surtout comme roi de Navarre, de Louis XIII, de Richelieu, de Mazarin, du grand Condé, etc... C'est un trésor sans prix pour l'histoire de France qui ne pouvait être en de plus nobles et généreuses mains que celles du prince régnant.

Son Altesse sérénissime, avec le goût d'un lettré et la munificence d'un souverain, fait entreprendre la publication de ces documents dispersés autrefois dans ses diverses résidences, et réunis aujourd'hui à Monaco.

Outre les titres particuliers de la Principauté, ces archives se composent des chartes du château de Rethel, venues aux Grimaldi par succession de la duchesse de Mazarin, mère des princes Honoré V et Florestan I<sup>er</sup>, et enfin de la correspondance du maréchal Jacques de Matignon, lieutenant général au gouvernement de Normandie de 1559 à 1581. Cette correspondance contient plus de six mille lettres, dont un millier des rois de France.

Un des grands faits de la vie du capitaine Breul ayant été la défense de Granville contre les huguenots, et au moment d'écrire sa vie n'ayant en ma possession que des bribes de sa correspondance avec le maréchal de Matignon, dont il s'honorait d'être parent[1], je vis s'ouvrir devant moi des horizons inattendus. En effet, ce sont trente-cinq lettres originales de du Breil ou le concernant qui m'ont été fournies par la gracieuse permission de Mgr le prince de Monaco. Son Altesse voudra bien me permettre de la remercier ici de la générosité avec laquelle elle a bien voulu donner des ordres pour qu'on me communiquât ces pièces, qui font le principal intérêt de cette petite notice. J'ai trouvé enfin, dans M. Saige, lauréat de l'Institut, anciennement aux Archives nationales de Paris, et chargé par Mgr le prince de Monaco du travail effrayant de dépouiller,

(1) Missive du feu seigneur maréchal de Matignon du 3 avril 1568, signée : Matignon, par laquelle « il advoue ledict feu fieur de Breil fon coufin, refcrivant à la dame de Breil fa femme & compagne. » — (Inventaire Mallerie, archives de la Bourbansais.)

classer et publier ces trésors, l'érudit le plus aimable et le plus obligeant qu'il soit possible de rencontrer; il a bien voulu me venir en aide avec une complaisance sans égale, et ne point oublier le modeste travailleur breton, au milieu de ses savantes pérégrinations en Italie pour recueillir, aux archives de Turin, Milan, Florence et Rome, tous les documents qui concernent les relations diplomatiques de la Principauté avec l'Italie aux xve et xvie siècles, et compléter ainsi le monument que le prince élève à la gloire de ses ancêtres en augmentant aussi la sienne [1].

(1) M. G. Saige doit en effet donner au public, dans le format et avec le luxe typographique de nos grandes publications nationales, une grande partie de ces documents. On en aura une légère idée quand on saura qu'en outre des pièces rapportées d'Italie par le savant archiviste, les chartes de Rethel sont au nombre de 1,118 pour les xiie, xiiie, xive et xve siècles, sur parchemin, scellées de sceaux presque tous inédits, dont environ six cents sont en état d'être reproduits par le moulage, et forment une collection unique pour l'histoire héraldique de cette région. — Nous avons dit plus haut de quoi se compose la correspondance du maréchal de Matignon, et on se rendra compte du travail en même temps que du talent que demande cette publication, quand on saura que ces huit volumes in-4 seront livrés au public en huit années. Voilà qui promet de beaux jours aux savants et aux curieux. M. G. Saige nous permettra de le féliciter d'avoir été choisi pour diriger cette brillante entreprise si digne de lui.

# Breil de Bretagne

LA maison du Breil est à coup sûr une des plus anciennes de notre pays. De tout temps elle a rendu des services de tout genre à l'Église et à l'État ; et, dans ses innombrables branches, on trouve les plus brillantes alliances et les plus glorieux souvenirs. Elle a donné des mères à presque toute la noblesse bretonne.

La plupart de ceux qui portent ce nom descendent, comme on sait, de Roland du Breil, époux de Olive Chastel, de la maison de la Rouvraye (1399) [1]. Plu-

---

[1] Chastel, sieur de la Rouvraye (*de gueules au château d'or*). La Rouvraye est, actuellement encore, une ferme considérable entourée de bois et d'avenues, joignant la forêt de Coëtquen, paroisse d'Evran.

sieurs de ses fils furent des personnages considérables à cette époque. L'un d'eux, nommé aussi Roland, était sénéchal de Dinan lorsque, après la bataille de Saint-Aubin du Cormier (1488), les seigneurs et bourgeois qui défendaient cette ville durent, faute d'être secourus par le duc de Bretagne, la remettre au vicomte de Rohan, lieutenant de Louis de la Trémouille, aux conditions les plus honorables. La même année, Charles VIII le nomma président au Parlement de Bordeaux, et en 1495 lui donna une des deux charges de président au Parlement de Bretagne, dit Parlement des Grands Jours, qu'il venait d'ériger. Roland du Breil avait épousé cinq femmes, dont tous les généalogistes donnent les noms. Une seule lui donna postérité : c'était Jeanne Férigat, dame des Hommeaux [1], la Croix Férigat et Lergay, en Saint-Broladre.

Quelques articles de son testament, daté de Dinan

---

[1] Les Hommeaux : cette terre, après être restée deux générations chez la branche de Rays, fut vendue en 1550, par Madeleine le Begassoux, au nom de son fils Julien du Breil de Rays, au capitaine du Breil dont nous écrivons ici l'histoire. Il la fit ériger en baronnie en 1575, et ses descendants la conservèrent pendant un siècle environ. Il ne reste plus que les ruines d'un château du XVII$^e$ siècle, et, dans l'ancienne église, la pierre tombale de l'enfeu des seigneurs du Breil. Cette pierre porte un écartelé aux armes des du Breil, Tréal et la Boissière. La vieille église, dont certaines parties étaient si curieuses, dont la tour centrale eût pu être conservée comme chapelle funéraire dans l'ancien et pittoresque cimetière de Saint-Broladre (ce qui eût été un monument remarquable pour ce petit bourg), a été malheureusement démolie tout entière, comme c'est l'usage dans le diocèse de Rennes. Les pierres tombales ont pu être conservées, à ma sollicitation, grâce à l'aimable et intelligente intervention du clergé local. Il y en a aussi quelques-unes aux armes des Férigat (*d'azur à trois cors de chasse d'or*).

en 1501 [1], sont assez curieux pour être cités ici comme détails de mœurs, et n'ont pas été analysés par du Paz. Il élit sa sépulture aux Cordeliers de Dinan, devant l'autel de Notre-Dame des Miracles, en tel lieu *que plaira* aux prieurs et religieux du couvent, « mes que « ce foit devant ledit autier (autel). » Il me semble que les religieux n'avaient pas grande marge pour choisir. Il veut que « Jeanne Gouyon, fa cinquième femme encore vivante, ait le libre ufage des robes, fourrures, abillemens, jouyaulx, aniaulx d'or garniz de pierres precieulfes, chaifnes, ceintures, patenoftres d'or qui ont été faiétes à fon ufaige. » Ce qui prouve que, sur ses vieux jours, et en étant arrivé à ses cinquièmes époufailles et ses cinquièmes cadeaux de noce, il en avait agi noblement avec Jeanne Gouyon. Il lègue à Charles du Breil, son fils aîné, « ses abillementz, robbes, pannes tiffus, baguette d'or & un cignet d'or & *ma hacquenée que je chevauche,* » ainsi que « fes livres en françois, ceux en latin, tant de loix que de droiét canon qu'autrement feront baillés à Guillaume mon fils qui en retiendra pour lui defquels que il lui plaira fauf à en defpartir à fes frères, fe il voift qu'ils foint bien employez en eulx. »

Cette énumération de ses livres, et ce soin qu'ils

(1) Archives du château de Clays. — Copie collationnée en 1724, sur l'original représenté par Frère Jean Patard, procureur du Couvent. Les Jacobins sont maintenant la halle et la salle de spectacle de Dinan, le tout l'un sur l'autre. Quelques arcades d'une chapelle du xvi⁰ siècle sont encastrées dans les murs de l'hôtel de Mᵐᵉ Bazin de Jessey.

aillent à ceux qui en feront le plus de cas n'étonne point chez le vieux président; ces détails annoncent une bibliothèque considérable pour l'époque, et Roland du Breil pourrait, à ce titre, entrer dans la liste des premiers bibliophiles bretons dont M. Arthur de la Borderie nous a donné l'histoire [1].

Notons aussi ce détail d'un autre genre et sans lequel un testament de cette époque ne serait guère complet : *Un legs de cent fouls de rente à Jacques Leroy fon baftard*. Ce qui n'empêchait pas le testateur d'avoir la conscience fort scrupuleuse, témoin ces clauses où on reconnaît le légiste, mais aussi l'homme loyal qui a bien examiné sa conscience avant de tester :

« Item touchant le fait du S$^{gr}$ de Vandel & de fa femme qui demandent à avoir part & portion par raifon du decès de Guillemette de Champaigné feue ma femme [2], tant es meubles communs que és acquets qui furent faits durant le mariage, toutes chofes confidérées... Si on lui bailloit cent cinquante efcuz, c'eft plus qu'il ne lui appartient... Toutefois je confeille & veulx que luy en foit baillé deux cent, & fe il ne le veut faire, foit pledoyé avec luy par juftice.

« Item pour ce que Je avifé que Je eu une certaine quantité d'or comme environ cent efcuz de Ollivier Robert pour ce qu'il abvoit empefché la Sepulture de

____

(1) Préface du Catalogue de la vente de livres de la bibliothèque Lesbaupin. Rennes, 1883.

(2) Sa troisième femme.

ma femme Jehanne de Québriac, & que je debvois regarder en ma confciance fe il abvoit nul droiƈt de la empêcher, touteffois fur le tout bien avifé Je ordonne que il foit payé à fes hoirs la fomme de vingt efcuz une fois payés. »

Il est certain que, quand on a épousé cinq femmes, on doit avoir pas mal de comptes à rendre.

Nous avons dit que Roland du Breil n'eut d'enfants que de la deuxième, Jeanne Férigat. L'un de ses fils cadets fut ce Guillaume qu'il avait fait héritier de ses livres latins. Nous n'avons point de détails sur la vie de ce personnage ; nous savons seulement qu'il épousa Philippe de Mué vers 1502 [1]. Elle était fille de Gilles de Mué et de Guillemette Boutier [2] héritière du Breil, paroisse de Meillac [3]. Cette terre est en effet bornée par un ruisseau qui, sur la carte de l'état-major, porte encore le nom de ruisseau du Bouttier, et prenant sa source dans l'étang du Leix en Pleugueneuc, aujourd'hui desséché, sépare cette paroisse de celle de Meillac et va rejoindre celui de l'étang du Tertrais pour se perdre tous deux dans le Linon. On voit donc bien que cette terre du Breil [4], venue par alliance,

---

(1) M. de Courcy ne cite point cette famille de Mué. Dans un armorial manuscrit daté de 1636, que nous possédons, elle porte pour armes : *de sable à la croix engreslée d'argent.* Jehan de Mué est cité parmi les chevaliers qui accompagnèrent le duc Jean V à Paris en 1418 (DOM LOBINEAU, t. II, p. 926).

(2) Boutier porte *gironné d'hermines et de gueules de six pièces.* Cette famille est connue depuis le XII<sup>e</sup> siècle.

(3) Titres de famille.

(4) La reformation de la noblesse n'ayant eu lieu à Meillac qu'en 1513,

n'était pas, comme on le pourrait croire par la similitude du nom, le lieu d'origine de la maison du Breil.
François du Breil, dont nous allons raconter l'histoire,
était fils de Guillaume et de Philippe du Mué; il reçut
d'eux ce manoir en partage, et c'est là que se passèrent
en partie les rares moments de sa vie qu'il ne consa-
cra pas à la guerre.

Nous pensons qu'il a dû naître vers les premières
années du XVI siècle (1504 ou 1505), son père
s'étant marié en 1502. Les registres de naissance de
Meillac sont naturellement très postérieurs à cette
date.

Disons de suite qu'il eut deux frères cadets : l'un,
nommé Jean, porte dans les mémoires du temps le
nom de capitaine la Touche ; il épousa Louise de Châteaubriand, fille de Jean, seigneur de Beaufort, et de
Jeanne d'Espinay, et veuve de Jacques de Gouyon, seigneur de la Moussaye, de Touraude et de Plouër
(1538); Louise de Châteaubriand épousa en troisièmes
noces Jean des Nos.

Le capitaine la Touche fut  meſtre de camp  dans
un régiment d'infanterie et servit avec son frère aîné,
notamment à la défense de Granville, en 1561. Il est
cité dans les lettres de son frère au maréchal de Matignon du 22 mai 1561 et du 9 mai 1562. Il n'eut qu'un

la maison du Breil y est indiquée comme appartenant à Guillaume du Breil.
Il ne peut donc y être fait mention des Bouttier, possesseurs antérieurs au
XVI siècle. Dans quelques titres elle porte le nom du Breil Lampichal.

fils, nommé Jean, guidon dans la compagnie de François du Breil, qui fut tué à la bataille de Dreux, en 1562 (mort sans postérité).

L'autre frère du capitaine Breil s'appelait, comme lui, François, suivant la singulière habitude si fréquente à cette époque. Nous parlerons beaucoup de ce cadet, dont la vie fut très mêlée à celle de son frère. Ils semblent avoir été fort unis. Il servit moins longtemps, moins brillamment que son aîné, mais il veillait à sa fortune, gérait ses biens, s'occupait de payer sa rançon quand il était prisonnier, et le remplaçait aussi, comme nous le verrons, dans ses procès, ou lui servait de fidèle compagnon dans ses querelles. Il prit le nom de capitaine la Roche, de sa terre de la Roche-Colombière, en Pleugueneuc [1], qu'il avait acquise en 1552 pour être

(1) La Roche-Colombière est située au nord-ouest de la paroisse de Pleugueneuc et est séparée du Breil par le ruisseau de Boutier. C'est aujourd'hui une ferme entourée d'un vaste bois taillis et appartenant encore à l'un des descendants du capitaine la Roche, M. Paul de Lorgeril. On y retrouve les restes d'un manoir du XVIe siècle, avec sa tourelle servant d'escalier, une cheminée en pierre dont les montants sont ornés de chimères; mais la maison a été souvent remaniée : à diverses époques on en a emporté les matériaux, et notamment la porte principale, pour les reconstructions du manoir de la Bourbansais; et maintenant on ne voit plus traces « de la cour clofe de murs avec un grand portail y donnant entrée, des deux tours aux coins de ladite cour qui en flanquent le dehors, des deux tours aux deux extrémités de la face dudit logis vers la cour. » (Aveu de 1703.) Toutes ces tours étaient de petite dimension, mais cette description donne bien l'idée de ce que devait être un manoir à demi fortifié de cette époque. Du Paz, p. 177, fait erreur en disant que ce capitaine la Roche eut en partage les seigneuries de la Roche et de la Colombière. Il les acheta le 5 juin 1552 (Archives du château de Clays), d'avec les héritiers de Pierre de la Barre, mort sans postérité, en 1546, et seigneur de la Barre et de la Colombière. Cette famille de la Barre, la plus ancienne et la plus puissante de Pleugueneuc, qu'elle habitait de tout temps (Simon de la

voisin de son frère. Lui seul des trois frères laissa postérité, car nous verrons plus tard que celle du capitaine Breil s'éteignit dès la première génération. Ce nom de capitaine Breil ou Breul est en effet celui sous lequel François du Breil, l'aîné, est cité dans les historiens du temps. C'était, au reste, et le nom de sa famille et celui de sa terre. Souvent on l'appelle capitaine Breil de Bretagne [1] pour le distinguer de plusieurs autres capitaines du Breil qui guerroyaient à la même époque. L'un, dont parlent la Popelinière et d'Aubigné, mourut en 1569, au siège de Lusignan; peut-être est-ce lui qui est cité dans « l'état des forces que le roy aura en l'armée qu'il fait affembler en laquelle il a délibéré fe trouver en perfonne [2] enfemble celles que le roy laiffait en garnifon ès pays de Picardie, Champagne, Lorraine, Luxembourg & Bourgogne. »

Il est nommé dans l'état des    bandes françoifes & vieilles bandes : Le Breul de Bourgogne, & y eft précifément employé avec *le Breul de Bretagne* & auffi La Motte Rouge [3] & La Prade [4]   .

Barre y fut enterré vers 1350), s'éteignait à cette époque et disparaissait du pays. Le capitaine la Roche acheta la seigneurie de la Barre en 1560, d'avec les mêmes héritiers. Depuis ce temps, cette terre, que nous possédons encore, n'est pas sortie de la famille. Enfin, son fils Jean du Breil acquit la Bourbansais en 1602, qui devint alors, et est restée jusqu'à présent, le chef-lieu des possessions de sa postérité.

(1) La Popelinière, *Hiftoire de France depuis 1550.* In-fᵒ, 1581, t. Iᵉʳ, liv. IV, fol. 109 rᵒ.

(2) Après le siège de Thérouanne.

(3) Nous retrouverons plus tard ces deux capitaines.

(4) *Mémoires de du Villars*, liv. IV, année 1553.

Un autre du Breil, dont parle Montluc dans ses
*Commentaires* [1], ravitailla Corbie au commencement de
l'année 1559. Mais outre que Montluc le qualifie beau-
frère de M. de Salcède, et que ce nom, de tournure
toute méridionale, n'est celui d'aucun des parents de
notre Breton, François du Breil était alors, comme
nous le verrons plus loin, prisonnier des Espagnols
depuis bientôt deux ans. Un troisième Breil se trouvait, en mai 1574, au siège de Domfront, où il était ren-
fermé avec Montgommery et Brossay Saint-Gravé [2].
Ce chef huguenot ne peut aucunement être confondu
avec le nôtre, qui les avait toujours combattus et était
alors vieux et malade. Un quatrième, surnommé « le
petit Breil », se signala au siège de Pons [3], en 1577,
alors que le nôtre, très vieux et n'étant certes plus le
petit Breil, se trouvait dans sa baronnie des Hommeaux, pleurant la mort de sa seconde femme et se
préparant à en épouser une troisième. Un cinquième
enfin, d'une condition moins relevée, nous est connu
par un des titres extraits des Archives de Monaco, où
les deux personnages se trouvent figurer ensemble.
C'est une lettre de *du Breuil,* intendant des biens et de
la maison de Jacques de Matignon, datée de Bréhal, le
11 septembre 1567, où on lit ce qui suit : « Mercredy,

(1) Liv. IV, année 1559, p. 294 v°, éd. de S. Millanges. Bordeaux, 1593.
(2) M. le Hardy l'appelle Bonenfant du Breil. *Histoire du protestantisme en
Normandie* (Caen, Gost Clerisse, 1869).
(3) Pons sur la Seugne en Saintonge. D'AUBIGNÉ, *Histoire universelle,* t. II,
liv. III, ch. 16; — *Aventures du baron de Fæneste,* liv. IV, ch. 15.

en partant de Grandville, je laiſſay au ſecrétaire de M. du Breuil ung pacquet qu'il m'aſſura vous faire tenir en diligence[1]. »

Voilà donc la personnalité de chaque du Breil bien distincte ; et de très bonne heure la famille et les arrière-neveux de notre capitaine, très fiers de leur héros, ont craint que la confusion ne se fît, car, dans l'inventaire déjà cité des papiers prêtés à M. du Breil de Rays-Mallerie, se trouve cette indication : « Paſſeport de feu Monſieur l'admiral de Chaſtillon du 25 ſeptembre 1553, ſigné de Coulligny, par lequel ſe void & ſe preuve que toutes les lettres du roy cy devant deſ-crites, & aultres cy aprés adreſſées audiɔ ſieur du Breil, c'eſt le *ſieur du Breil de Bretagne.* »

En vingt endroits dans les inventaires des archives de ses descendants se retrouve la même préoccupation. C'est elle aussi peut-être qui nous a encouragé à entreprendre ce petit travail[2] destiné à rechercher dans les mémoires du temps tous les faits épars de la vie de notre héros, à le retirer de la foule des du Breil ses contemporains, dans laquelle il était perdu, et à le présenter au public, armé de pied en cap, sous son nom de famille et de nation : Breil de Bretagne.

Au reste, il paraîtrait qu'à cette époque l'ortho-

---

(1) Fonds de Matignon, série J. Correspondance. *Lettres reçues de Jacques II de Matignon.* 5e vol. (Archives de Monaco.)

(2) M. Alph. de Ruble, dans son édition des *Commentaires de Montluc,* pu-bliée pour la Société de l'histoire de France (t. I, p. 176), met en note à l'endroit où l'auteur parle de notre du Breil : François du Breil *de Rais.* Nous avons vu que ce titre était porté par une autre branche de sa famille.

graphe du nom de la famille était plutôt Breul que Breil. Je n'ai point qualité pour traiter cette question que les héritiers directs de ce vieux nom ont seuls le droit de trancher, mais voici sur quoi je me fonde. Je possède un exemplaire de du Paz qui appartenait à ma septième aïeule, Marie de Busnel, épouse de Renaud du Breil, seigneur de la Bourbansais, arrière-petit-fils et neveu des deux capitaines dont il est question. A l'article du Breil dans l'ouvrage de du Paz, M$^{me}$ du Breil, qui a déjà mis en tête du livre, et de sa grosse écriture : « Je fuis à Madame du Breul de la Roche Colombière, 1668, & de la Bourbanfais, » répète cette orthographe à douze pages différentes, biffant impitoyablement d'une pesante rature le nom de du Breil chaque fois que du Paz l'écrit ainsi, et le rectifiant par du Breul. C'est principalement à l'article même consacré au capitaine, qu'elle met en marge : « mal eft dit Breil : fes (c'est) du Breul. Argentré ne le nomme pas du Breil, mes (mais) Breul, qui eft le veray furnom. » De plus, dans le testament de Louise le Sénéchal [1], deuxième femme dudit capitaine, il a contresigné les dispositions de sa femme, ce qui, entre parenthèses, eût rendu le testament nul de nos jours, et, d'une grosse écriture, d'une lourde main plus habituée à tenir l'épée que la plume, il a signé en s'y reprenant à deux fois « Le Breul ».

[1] Archives de la Bourbansais.

Voici, au reste, un fac-similé de sa signature sur les lettres de Monaco, gracieusement envoyé par M. Saige, qui croit y lire Le Brueul : en examinant attentivement on trouve en effet un u après l'ʀ dont le second jambage est commun avec celui de l'ᴇ.

Voici aussi la signature qu'il a mise au bas du testament de Louise le Sénéchal et qui paraît identique.

Enfin, en 1571, dans une requête assez vive [1] que nous analyserons et qui a trait à un procès avec son neveu Julien du Breil, auteur de la branche de Rays, celui-ci signe aussi Jullian du Breul. Il va sans dire que je donne ces détails comme curiosité rétrospective, et à titre de simple renseignement d'orthographe nobiliaire.

Nous ne savons rien des premières années du capitaine Breul et de l'époque où commencèrent ses services militaires. Dans un placet au roi daté de 1572, pour son procès déjà cité, il dit servir depuis quarante

_______________

[1] Archives de la Bourbansais.

années, ce qui nous reporterait en 1532. Il est nommé pour la première fois dans les mémoires du temps en 1543. A cette époque il guerroyait dans le Piémont avec Blaise de Montluc, et celui-ci, dans ses *Commentaires,* qu'il écrivait plus de trente ans après et à l'âge de soixante-quinze ans, se souvient encore du « capitaine Breil de Bretagne, » son vieux compagnon d'armes sous François I<sup>er</sup>, « alors enfeigne du baron de Nicolas, & qui eft encore vivant ainfi qu'on m'a affeuré naguerre, lequel depuis fut bleffé à la jambe d'une arquebuzade dont il eft boiteux comme l'on m'a dict [1]. » Nous verrons à quelle occasion du Breil reçut cette blessure.

Il raconte ensuite avec sa verve habituelle comme quoi, par la lenteur d'un capitaine Gabarret, qui les avait priés de l'attendre et qui fut en retard, les capitaines Favas, Lyenard, du Breil et lui, manquèrent d'un quart d'heure de surprendre le duc de Savoie qui entendait la messe à une petite chapelle tout près de Cavilimor [2] avec seulement vingt-cinq hommes d'escorte. — Montluc, tout désolé d'avoir « failly une fi grande fortune », voulut en tenter une autre sur-le-champ. Prévenu du passage d'une troupe de soldats impériaux qui conduisaient un convoi considérable de munitions, il harangua sa petite troupe, fit croire aux soldats qu'il avait eu un présage mystérieux de victoire, et les con-

_______

(1) *Commentaires de meff. Blaife de Montluc,* éd. de S. Millanges. Bordeaux, 1593. In-8, p. 53.
(2) Village situé près de Savigliano et nommé Cavale maggiore.

duisit à l'attaque des ennemis, après s'être renforcé de vingt-cinq salades prises dans la compagnie du capitaine Mons « pour l'aider à tuer. » Ils défirent complètement les ennemis, firent un énorme butin, et il raconte avec sa joyeuse férocité d'ordinaire que les gens d'armes portaient dans ces temps-là « de grands coutelas tranchants pour couper les bras maillés, & deſtrancher les morions, & qu'oncques de ſa vie il ne vit donner de ſi grands coups [1]. »

Du Breil se trouvait là à bonne école, mais il quitta de suite après les armées du midi et sa vie se passa désormais dans le nord de la France.

Pour le suivre plus facilement, il faut résumer à grands traits les événements de cette époque en tant qu'il s'y trouve mêlé.

Nous sommes au temps des guerres toujours renaissantes entre Charles-Quint, François Ier et l'Angleterre. Henri VIII et le roi de France se disputaient déjà celle qui devait être Marie Stuart et qui venait à peine de naître (1542). Son père étant mort quelques jours après, François Ier la prit sous sa protection et envoya des troupes en Écosse. Henri VIII, mécontent de cette initiative, s'allia avec l'Empereur, et lorsque la paix fut signée à Crespy, le 18 septembre 1544, entre Charles-Quint et la France, elle ne le fut pas avec l'Angleterre, et la guerre continua jusqu'en 1546. Mais au bout de

---

[1] *Commentaires de meſſ. Blaiſe de Montluc,* éd. de S. Millanges. Bordeaux, 1593, p. 53-55.

deux ans, après la mort simultanée d'Henri VIII et de François Ier, Henri II voulut continuer les projets de son père sur Marie Stuart, et négocier secrètement son mariage avec le Dauphin. Les Écossais, qui redoutaient par-dessus tout de devenir une province anglaise, voyaient cette union avec faveur, et le roi de France donna des ordres pour qu'un corps de troupes passât en Écosse et en ramenât la jeune reine.

Un des capitaines qui firent partie de cette expédition en a écrit l'histoire [1] : les premiers corps de troupes s'embarquèrent à Brest, où le seigneur de Carney (Carné) [2] gouverneur et capitaine de Brest, avait été prévenu par le roi de faire tous les préparatifs nécessaires. Plus tard d'autres troupes partirent de Bordeaux, conduites par le comte de *Visque*. Nous citons ce nom, parce que nous allons le retrouver tout à l'heure mêlé à l'histoire de du Breil. Il conduisait quatre capitaines, dont étaient la Motte-Rouge et la Prade. Nous espérions trouver dans le premier, devenu en 1557 gouverneur de la Capelle, un membre de l'antique famille de ce nom, branche des sires de Dinan par le ramage de Montafilant; mais il nous est maintenant démontré que ce la Motte-Rouge, ou plutôt la Mothe-

(1) *L'Hiſtoire de la guerre d'Eſcoſſe, traitant comme le royaume fut aſſailly & en grand partie occupé par les Anglais & depuis rendu paiſible à ſa reyne, par Jan de Beauguė.* Paris, G. Corrozet, 1556. In-8.

(2) Marc de Carné, lieutenant du roi en basse Bretagne, capitaine de Brest et de Guérande, chambellan et gentilhomme ordinaire de François Ier, grand veneur sous Henri II, grand maître des eaux et forêts de Bretagne, mort en 1553. Il avait épousé : 1º Gilette de Rohan; 2º Gilette d'Acigné.

Rouge, est Bordelais. Une famille de Bertrand de la Motte-Rouge qui a fourni un chevalier de l'Ordre du Roi en 1569, probablement celui qui nous occupe, a fait attester l'ancienneté de sa noblesse par d'Hozier en 1704, et d'ailleurs Jan de Beaugué parle de ce corps de troupes comme étant composé des plus vaillants hommes gascons et provençaux.

Quant à la Prade, capitaine d'arquebusiers à cheval, il paraît dans cent endroits des mémoires du temps. La physionomie de ce nom est bien méridionale. Il assista au siège de Metz en 1552, faisait partie des vieilles bandes qui tinrent garnison dans le nord de la France en 1553, et défendit Poitiers contre les protestants en 1569. Les chroniques et les mémoires particuliers du Poitou le citent sans cesse comme ayant pris une part active aux guerres de religion dans ce pays. Nous essayons de reconnaître tous les Bretons qui ont combattu avec nos du Breil chaque fois que nous en rencontrons un, et si nous faisons une exception pour ce Gascon, c'est que nous le verrons en 1591, probablement sur ses vieux jours, venir en Bretagne attiré par les souvenirs de sa vie militaire, et y épouser une fille d'un second lit du capitaine la Roche, son compagnon d'armes.

L'Angleterre voyait de mauvais œil cette descente des troupes françaises en Écosse, et de son côté éludait l'engagement pris par Henri VIII, lors de la dernière paix, de restituer Boulogne à la France. Toutes ces causes décidèrent Henri II à la guerre qu'il voyait imminente, et il fit lever sans bruit des troupes et commencer les préparatifs. Les îles normandes de Jersey et Guernesey devaient évidemment attirer l'attention des hommes de guerre de l'époque, comme un poste avantageux à occuper. Du Breil fut chargé de cette mission de confiance, ce qui prouve combien sa valeur était déjà connue et appréciée.

Au moyen âge la France et l'Angleterre s'étaient souvent disputé la possession de cet archipel. Sous Philippe-Auguste, lorsque le roi Jean sans Terre perdit la Normandie, il conserva Jersey et y vint deux fois pour fortifier ces îles. En 1339, sous Philippe de Valois, Hugues de Quieret ou de Guerier, amiral de France, prit Guernesey et y resta trois ans. Les habitants de Jersey vinrent au secours de leurs voisins et en chassèrent les Français. Guernesey fut cependant encore pillée plusieurs fois par des troupes françaises et aussi par les Bretons.

Du Guesclin, en 1374, se présenta devant le château Montorgueil, mais se retira sans pouvoir rien faire. En 1404 Jean de Penhoët, amiral de Bretagne, pilla les deux îles sans attaquer les forts. Enfin Pierre de Brezé, comte de Maulevrier, grand sénéchal de Normandie, envoyé par Louis XI sur la demande de Marguerite d'Anjou femme d'Henri VI, pour la secourir contre Édouard IV, demanda en paiement de ses services la souveraineté de l'archipel. Comme on ne se pressait point d'accomplir les promesses qu'on lui avait faites, il envoya le seigneur de Sourdeval pour s'emparer de Montorgueil. En six ans il ne put conquérir que la moitié de l'île, et Philippe de Carteret, chef de l'illustre famille des seigneurs de Saint-Ouen à Jersey, dont les descendants y habitent encore, garda l'autre. Enfin, après la mort d'Henri VI, Édouard IV rentra en possession de toute l'île.

Nous avons voulu faire le tableau rapide des essais infructueux tant de fois tentés par la France pour conquérir Jersey et les îles voisines, afin de montrer que du Breil ne succédait pas aux premiers venus. Cette nouvelle tentative a été à peu près ignorée des historiens bretons; mais les Normands la racontent dans tous ses détails sans savoir, dans le nombre des du Breil ou du Breuil qui existaient à cette époque, quel est au juste celui qui la commandait. M. Pégot-Ogier, dans son *Histoire des îles de la Manche*[1], raconte qu'en 1549 notre capitaine et son lieutenant Buron « partis de Saint-Malo, ville dont le voisinage nous a été souvent funeste, » allèrent s'emparer par surprise de la petite île de Serk située entre Jersey et Guernesey.

« Ils arrivèrent avec onze gallaires du roy de France qui posèrent à l'ancre à l'Épriquerie en l'île de Serk & y débarquèrent environ 400 hommes[2]. »

« Cet îlot, » dit M. le Cerf dans son *Histoire de l'ar-*

<hr>

(1) Paris, Plon, 1881. In-8.

(2) *Chroniques de Jersey,* dont l'auteur est inconnu, revues et corrigées d'après les manuscrits les plus complets, par Abraham Mourant. Jersey, Ph. Fatte, 1858.

*chipel des îles normandes,* « n'est qu'un bloc de granit de trois lieues de tour, et qui sur tous les points présente une falaise accore de 150 pieds de hauteur. Parfois des crevasses forment des cavernes que la mer ne quitte jamais. D'autre part, les dentelures de ces côtes présentent des aiguilles déchiquetées, disloquées, pendantes. De quelque côté qu'on aborde l'île, l'effet de ces déchirures est terrifiant. A toute heure les falaises sont battues par la mer avec une violence extrême. Du côté de l'est se trouve non pas un havre, pas même une anse, mais une grotte qui se fermait autrefois au moyen d'une chaîne confiée à la garde d'un portier. C'est là qu'on quitte le paquebot pour descendre dans une barque qui traverse un long tunnel formé de rochers suspendus dans d'effrayantes conditions d'équilibre, et que Panurge [1] comparait à l'entrée des Enfers. Après avoir franchi ce long souterrain, on gravit un escalier qui contourne les aspérités du roc, et une fois parvenu au sommet, on contemple un paysage tellement délicieux au sortir de toutes ces horreurs, que les Anglais ont surnommé Serk *l'île des Roses et des Merveilles de la nature* [2]. »

(1) « Je vous affure, dit Panurge à Pantagruel en paffant près de l'ifle de Ganabin, que telle eft cette terre ici que autrefois j'ai vu les ifles de Cerq & Herm entre Bretagne & Angleterre, mieux vous ferait en Arverne defcendre » (liv. IV, ch. 66).

Rabelais a dû visiter ces îles pendant qu'il était attaché au cardinal du Bellay et qu'il visitait en sa compagnie Martin du Bellay son frère, lieutenant général de Normandie.

(2) *Histoire de l'archipel des îles normandes,* par M. LE CERF. Paris, Plon, 1883. In-8.

On comprend que dans ces conditions, une fois l'îlot envahi par surprise, il était impossible de le reprendre. Un seul homme, dit un autre historien anglais, armé d'une pierre, en pourrait défendre le passage à mille autres. Cependant du Breil s'y fortifia, éleva des travaux sur différents points. Il fit trois forteresses : l'une près l'Eperquerie au grand Serk, l'autre auprès de la Couprée au petit Serk, et la troisième près du château des Quenevez. Les ruines de ces trois ouvrages subsistent encore. De profonds fossés entouraient celui de l'Eperquerie [1]; il communiquait par un large chemin couvert avec le havre d'embarquement. Le château des Quenevez s'élevait à l'extrémité du promontoire qui domine la baie de Dixcart. Ce fut donc un point de ralliement et un poste d'observation d'où le commandant se proposait d'inquiéter l'archipel et même de s'emparer de Guernesey en se servant de Serk comme point d'appui ou de retraite.

Ils étaient partis de Saint-Malo, nous dit M. Pégot-Ogier, et cela nous paraît assez probable, du Breil et Buron, son lieutenant, étant Bretons. Mais dans son *Histoire du Cotentin et de ses îles,* M. G. Dupont, d'après un document qui semblerait positif, indique le Havre comme point de départ de l'expédition [2].

(1) *Histoire du Cotentin et de ses îles,* par M. DUPONT. Caen, 1885.

(2) Eftat des vivres, munitions & artilleryes qui ont efté baillées & livrées en lifle de Serq par Meffieurs les Capitaines des Gallères du Roy ci deffouls nommés lefquels f'en eftoient chargés au Havre de Grâce le xxiᵉ jour de juillet 1549 (Bib. nat., mss. fonds français, collect. Dupuy, 3118, fᵒ 15).

Au mois de juillet 1549, dit-il, l'expédition s'organisa au Havre. Elle se composait de onze galères du roi et de douze navires « bien armés & equippés de foldats. » Les galères étaient commandées par le sire de Montaigu, le chevalier de Villegagnon, le capitaine Pierre Bon, M. de Seurres, M. de Cars, M. de Marcey, M. de la Guiffre, le capitaine Baschet et Léon Strozzi, prieur de Capoue[1], commandant en chef. Les vivres consistaient en biscuit, chair de porc et poisson salé, beurre, cidre et bière; les munitions et artillerie : en poudre d'arques, canons, bastards et boulets. On peut concilier l'opinion des deux auteurs en admettant que le premier départ eut lieu de Saint-Malo, au commencement de 1549, avec le capitaine Poulain baron de la Garde, commandant des galères, désigné comme tel par la *Chronique de Jersey*, et que lorsque du Breil voulut plus tard attaquer Jersey et Guernesey, il reçut du secours et des munitions du Havre, en juillet 1549.

En effet, les documents originaux nous montrent que l'expédition était résolue; et évidemment accomplie, bien avant le mois de juillet. Le premier, en date du 20 janvier 1549, est une lettre du roi Henri II. Quoique écrite à mots couverts, elle se rapporte parfaitement au fait qui nous occupe et doit être le premier ordre donné à ce sujet :

---

[1] Léon Strozzi, frère de Pierre Strozzi, maréchal de France, portait le nom de prieur de Capoue, comme chevalier de Saint-Jean de Jérusalem.

Cappitaine Brueil vous entendrez du comte de Viſque préſent porteur, l'occaſion pour laquelle je l'envoye par de là, & ce que je luy ay donné charge vous dire de ma part, dont je vous prie le croyre comme moy-meſmes, priant Dieu Capp<sup>ne</sup> Brueil vous avoir en ſa garde. Eſcript à Fontainebleau le xx<sup>e</sup> jour de janvier mil cinq cent quarante neuf.

*Signé* HENRY,

Et plus bas : BOURDIN.

Au dos : *Lettre du roy au feu capitaine Breil* [1].

Dans ce comte de Visque chargé par le roi de cette lettre d'introduction près de du Breil, nous avons un instant cru voir le comte de Vicque de la Moricière, chef d'une famille de vieille noblesse normande, qui fut tué en 1557 au siége de Saint-Quentin, et dont le fils ou neveu, enseigne du maréchal de Matignon, devint chevalier de l'Ordre du Roy et fut nommé par lui, en 1577, gouverneur du Mont Saint-Michel, dont il avait chassé les huguenots qui s'en étaient emparés par surprise. Le pays et la similitude des noms nous avaient fait penser que le roi avait pu l'envoyer porter ses ordres en Bretagne. Mais l'orthographe de la lettre royale porte très lisiblement « le comte de *Viſque,* » or nous voyons figurer, en 1558, un comte de Visque, Italien, qui avait une compagnie au service de la France, et qui est nommé dans l'état de ceux qui, « ayant charge de fanterie italienne, » servirent en Piémont cette année-là [2]. Il est beaucoup plus probable

(1) Original aux archives de la Bourbansais.
(2) *Mémoires de du Villars*, tome III.

qu'en 1549 le capitaine était déjà attaché à la Cour, amené dans l'entourage et les compatriotes de Catherine de Médicis, et que c'est lui qui reçut la mission d'expliquer à du Breil les instructions secrètes de Henri II.

D'après cette lettre, et dès le 24 février 1549, le capitaine la Roche avait conduit depuis quelque temps dans l'île de Chausey, une troupe assez considérable, qu'il n'aurait pu retenir longtemps sur cet îlot désert, si son but n'avait pas été de pousser plus loin. Il y était donc provisoirement, pour secourir son frère dans la prise de l'île de Serk et l'aider à s'y maintenir. « Quittance baillée au S<sup>r</sup> de la Roche par le S<sup>r</sup> cap<sup>ne</sup> Breil fon frère, par laquelle il promet le faire quitte de la fomme de 2,808 <sup>#</sup>, en cas qu'ils ne luy fuffent allouées en fon compte, toufchant la nourriture des foldartz eftantz en l'ifle de Chauzé. Signée le Breul, 24 février 1549 [1]. »

C'est donc avec la troupe amenée par lui de Saint-Malo et renforcée par celle de son frère, qu'il dut commencer à s'installer à Serk. De février à juillet, il fit ses préparatifs, se fortifia sur son île, et ne commença les hostilités qu'après l'arrivée des secours qu'il attendait du Havre, et qui partirent, comme nous l'avons vu, le 21 juillet. L'attaque ayant eu lieu le 31, il ne serait pas raisonnable de penser qu'il l'eût commencée dix jours seulement après son arrivée à Serk.

Donc, après l'arrivée de la flottille du Havre, le der-

_______

[1] Archives de Clays.

nier juillet 1549, à l'aube du jour, dit la *Chronique de Jersey*, avec le capitaine Poulain, il attaqua une flotte anglaise qui se trouvait à l'ancre dans la rade de Saint-Pierre, à Guernesey. La plupart des officiers étaient à terre ou dormaient, ce qui favorisa les Français tout d'abord. Mais le canon réveilla la ville, et la petite troupe, trop faible, fut repoussée après de sérieuses avaries. Les galères [1] françaises s'en retournèrent toutes brisées, et il fallut aller à Saint-Malo les raccommoder.

Du Breil demanda des secours au duc d'Estampes, gouverneur de Bretagne, qui s'empressa de lui en envoyer. Il reçut des vivres, des hommes conduits par le capitaine la Roche, et des vaisseaux que le prieur de Capoue lui conduisit à son retour de Saint-Malo. Nous trouvons ces détails dans deux lettres adressées au duc d'Estampes par le Connétable, et dont voici le texte complet. On y remarquera qu'il y est parlé de secours qui doivent venir aussi du côté de la Normandie, ce qui confirme l'opinion que nous avons émise, d'une action simultanée, partant de Saint-Malo et du Havre, et augmentant encore l'importance de l'expédition :

1549. — 15 aout.

Monfieur... au demourant vous avez faiƈt chofe bien agréable audiƈt Sʳ (le roi) d'avoir fecouru de vin le cappitaine Le Breuil

---

(1) Les galères étaient des vaisseaux nouvellement construits par ordre de François Iᵉʳ dans les ports bretons et normands et appropriés à la navigation

qui eſt en l'iſle de Serq, & ferez encores plus luy envoyant des moutons & aultres victuailles, ainſi que dictes avoir délibéré faire, & pareillement de faire pourveoir & donner ordre à l'embarquement des deux cens hommes que ſon frère luy. meyne de renfort, puiſque les gallères ne ſont plus par delà pour les porter, pour lequel effect j'eſcriptz au Roy a ce qu'il luy plaiſe faire envoyer argent à Sainct Malo, ſi jà faict n'a eſté, & quant aux floxings [1] que demande ledict Breuil, le prieur de Cappoue, à ſon retour audict Sainct Malo, eſt paſſé par là, qui l'a ſatiſſaict en cela.

Du camp de Nourvillier, ce xv<sup>e</sup> jour d'aouſt 1549.

Voſtre ſervyteur & bon amy,

MŌTMORĒCY.

Au dos est écrit : *A Monſieur Monſieur le duc d'Eſtampes, chevalier de l'ordre, gouverneur & lieutenant g<sup>al</sup> du Roy en Bretaigne* [2].


1549. — 18 aout. De Montreuil.

Monſieur, le Roy que je ſuis ceſte après diſner venu trouver en ce lieu a eſté très aiſe d'entendre les bonnes nouvelles que luy avez mandé des émotions d'Angleterre.....

Il envoie argent à S<sup>t</sup>-Malo pour l'embarquement & paſſaige en l'iſle de Serq des deux cens hommes dont a chargé le jeune Breuil ainſi qu'il vous eſcript, vous adviſant, Monſieur, qu'il a donné ordre de faire ſecourir de vivres, par la Normandye, ceux qui ſont en ladicte iſle. Et auſſi leur a le prieur de Cappouc baillé une frégaſte. Parquoy ne leur ſera beſoing de la barque que leur aviez envoyée.....

Monſieur, encores que du coſté de la Normandye l'on doibve

de la Manche et de l'Océan (*Histoire du Cotentin et de ses îles*, par M. DUPONT, t. III, p. 297).

(1) Flouings, navires.
(2) Bibliothèque nationale, ms. fr. 20510, fol. 28.

secourir de vivres l'iſle de Serc, néantmoins vous ne leſſerez de leur en faire envoier en paiant & de leur laiſſer la barque que leur avez envoyée juſques à ce quilz aient la frégatte.

Voſtre ſervyteur & bon amy,

MŌTMORĔCY.

Au dos est écrit : *A Monſieur Monſieur le duc d'Eſtampes, chevalier de l'ordre, gouverneur & lieutenant général du roy en Bretaigne* [1].

En septembre suivant, c'est-à-dire un mois après, nous trouvons une autre lettre du roi adressée à du Breil qui fait allusion à celles que nous venons de lire du connétable de Montmorency, les confirme, et complète cette série de documents. Il est intéressant de voir toutes ces pièces venues de sources si différentes, se rejoindre et s'adapter les unes à la suite des autres, pour éclairer, au bout de trois siècles, le récit des événements et lui donner une netteté parfaite.

Le roi l'adressa « au capp^ne Breuil, capp^ne de l'iſle de Serq » et donne ainsi le caractère le plus officiel à cette expédition.

Cappitaine Breul, j'ay entendu ce que avez eſcript à mon couſin le connétable de mes affaires de delà, ſur quoy j'ay faiĉt

---

(1) Bibliothèque nationale, ms. fr. 20510, fol. 31.

M. de la Borderie, auquel chaque fait de l'histoire de Bretagne est familier, quelque petit qu'il soit, nous a communiqué ces pièces découvertes par lui dans un recueil de lettres originales adressées au duc d'Estampes et conservées à la Bibliothèque nationale. En butinant pour lui-même, M. de la Borderie n'oublie jamais ses amis. Que de fois, personnellement, nous en avons eu les preuves !

donner toute la provifion quil a efté poffible & vous advife que
je ne vous laifferay rien mancquer ainfi que vous entendrez plus
avant parce que j'ay donné charge à mond coufin vous faire efcrire plus amplement, qui me gardera vous en dire autre chofe,
priant Dieu cappitaine Breul qu'il vous ayt en fa garde. Efcript
à Compiègne le 22ᵉ jour de feptembre 1549.

HENRY.

Et plus bas : DE LAUBESPINE [1].


Malgré le premier échec qu'il avait essuyé, et en al-
lant faire réparer ses avaries à Saint-Malo, du Breil
essaya cependant une audacieuse descente sur Jersey.
Il débarqua à Bouley-Bay au nord de l'île, mais les
milices du pays, bien organisées, furent vite concen-
trées en corps d'armée, et le capitaine, après avoir sou-
tenu un sanglant combat qui coûta la vie à beaucoup
de monde de part et d'autre, dut regagner ses navires
et continuer sa route vers Saint-Malo. Au retour de
cette ville, il captura une barque chargée d'un riche
butin de marchandises, « d'or & d'argent coigné »
(monnayé), appartenant au lieutenant du gouverneur
anglais, nommé Cornish, qui faisait le corsaire pour son
compte.

Il était bien difficile à du Breil de se maintenir
dans l'archipel normand sans être secouru ni ravitaillé!
la disette relative qui devait se faire sentir sur ce rocher
isolé, les rigueurs de l'hiver, l'ennui de n'être point
secourus diminuèrent bientôt les forces de cette brave

---

(1) Original aux archives de la Bourbansais.

petite garnison. Quelques-uns moururent, d'autres furent tués dans diverses attaques, et le découragement dut s'emparer de ces pauvres oubliés. En 1551 le duc d'Estampes, gouverneur de Bretagne, qui avait besoin des talents et de l'énergie de du Breil, le rappela pour l'employer sur un plus grand théâtre, et la petite troupe qu'il laissa derrière lui sous le commandement de son frère se maintint néanmoins pendant plusieurs années à son poste avec une admirable persévérance. Enfin les Guernesiais, sans cesse inquiétés par eux, eurent recours à la ruse pour les déloger. Walter Raleigh, gouverneur de Jersey, raconte qu'un capitaine hollandais à leur solde feignit d'avoir à son bord un homme mort, et demanda aux Français la permission de l'enterrer dans l'île, leur promettant du vin en récompense. Le cercueil contenait des armes. Une fois dans la chapelle et pendant que les Français descendaient à bord pour prendre les denrées promises, les Hollandais saisirent leurs armes, et tuèrent une partie de la garnison française. Ils emmenèrent le reste à Guernesey, où on les pendit. En l'absence d'archives et de documents, ce dernier fait est adopté comme une tradition devenue article de foi [1].

Le gouverneur de Guernesey, Chamberlain, s'empressa d'envoyer des troupes à Serk et d'y raser les fortifications élevées par du Breil. L'historien anglais

[1] M. PÉGOT-OGIER, p. 314.

auquel nous empruntons ces détails ajoute (il doit être de Jersey) : « le règne de la reine Marie fit perdre Calais, que les Anglais avaient depuis deux cents ans. Ce fut cependant sous la même reine qu'on reprit Serk aux Français ; » après quoi il ajoute modestement ce correctif : « quoique le recouvrement d'une si petite île ne puisse être regardé comme équivalent à la perte d'une des clefs de France (1558). »

Le grand seigneur jersiais, Philippe de Carteret, profita de l'abandon de Serk pour se faire donner l'île par la reine d'Angleterre. « Après y avoir labouré un champ de blé, il y alla demeurer avec Madame sa femme, de grand courage [1]. »

Ce petit fait d'histoire locale est assez intéressant puisque, depuis Louis XI jusqu'à Louis XVI, il n'y eut que cette tentative de faite sur les îles (encore celle du XVIIIe siècle ne fut pas sérieuse), et qu'elle fut dirigée et commandée par un Breton. Cette expédition hasardeuse, sa fin romanesque, tout cela n'est pas l'épisode le moins curieux de la vie des deux frères.

Notons en passant un singulier privilège de cette île destinée de tout temps, paraît-il, à être un asile inviolable. Sixte IV, la dixième année de son pontificat, excommunia tous ceux qui molesteraient les habitants de Guernesey ou des autres îles de sa dépendance, soit par violence ou piraterie. Cette bulle, publiée à Cou-

_____

[1] *Chronique de Jersey.*

tances, ancien diocèse de cet archipel, fut vérifiée au Parlement de Paris, et grâce à elle, en 1523, le comte de Laval, gouverneur de Bretagne, fit relâcher un vaisseau de Guernesey qui avait été pris et conduit à Morlaix pendant la guerre entre François Ier et Henri VIII. Il en fut de même en 1524 [1].

Il faut avouer que Victor Hugo, sans s'en douter, avait bien choisi en prenant pour asile un lieu particulièrement protégé par le Saint-Siège. En revanche notre du Breil a dû se trouver sous le coup de nombreuses excommunications !

Nous avons recherché quel pouvait être ce lieutenant Buron dont parle l'historien jersiais, et nous pensons que ce doit être un autre Breton d'une famille destinée plus tard à la plus grande et sympathique célébrité. Joachim de Sévigné était seigneur du Buron à cette époque, et, né en 1520, devait avoir l'âge d'un lieutenant. Il peut y avoir plusieurs seigneuries portant ce nom en Bretagne, mais il faut se souvenir que Joachim de Sévigné était petit-fils de Gillette de Tréal, par conséquent très proche parent du capitaine Breil dont la femme était Jeanne de Tréal [2] : or, nous savons par du Paz, qui était presque son contemporain, qu'il fut « l'un des plus hardis, valeureux & expérimentés chefs

_______

(1) *Histoire détaillée des îles de Jersey & Guernesey.* Trad. de l'anglais par M. LEROUGE. Paris, 1757. In-8.

(2) Joachim de Sévigné contracta encore une nouvelle alliance avec le capitaine Breil en mariant sa fille Jeanne au sieur de Beaufort, fils de François de Chateaubriant et de Anne de Tréal sœur de la dame du Breil.

de guerre de fon temps, & qu'il excita par fon exemple, non feulement fes frères, *coufins & parents,* mais auffi bon nombre d'autres gentilfhommes du pays à f'exercer au faict des armes, & à fuivre la guerre, & qu'il les advança, & par fa recommandation & faveur qu'il avait auprés des roys & autres grands chefs de guerre & officiers de la couronne les mit en crédit & réputation & leur procura & fit obtenir des charges grandes & honorables [1]. »

Quoique le capitaine Breil eût quitté Serk dès 1551, il conserva cependant encore quelque temps le titre de capitaine de l'île de Serk. Puis le capitaine la Roche le prit à son tour [2] jusqu'en 1553, concurremment avec celui de capitaine des îles de Chausey, qu'il garda toute sa vie [3]. Nous ne savons qui le remplaça de 1553 à 1558.

Une pièce que nous citerons bientôt nous montre qu'il était déjà gouverneur de Granville. Ces trois postes réunis aux mains des deux frères formaient une espèce de capitainerie générale de toutes ces côtes et un commandement très important dans l'état d'hostilité de la France et de l'Angleterre. L'acquisition que

---

(1) Nous retrouverons à chaque instant dans la vie du capitaine des preuves de ce patronage qu'il exerçait sur sa famille.

(2) Actes paffés par François du Breil S<sup>gr</sup> de la Roche-Colombière, capitaine de 300 hommes de pié, capitaine pour le roy des ifles de Serf & de Chaufey, de 1549 à 1553. (Archives du château de Clays.)

(3) Coppie collationnée de Lettre donnée par la Reyne Catherine au fieur de Broigne, de la capitainerye & gouvernement de l'ifle de Chaufey vaquant par le décès de François du Breil. 1576. (Inventaire de 1716.)

fit du Breil en 1550 de la terre des Hommeaux en Saint-Broladre, partage de l'aîné de sa famille, et toute voisine de cette côte, lui permit de mener plus facilement la vie de châtelain sans négliger ses devoirs militaires.

Toutes les pièces ci-dessus nous ont montré avec quel intérêt cette petite expédition de Serk, patronnée par le connétable de Montmorency, était suivie à la cour de France, et la position des deux frères en Bretagne ne nous fait pas du tout reconnaître les aventuriers dont le patriotisme de M. Pégot-Ogier nous a tracé le portrait fantaisiste. Car, M. Pégot-Ogier, en bon Jersiais qu'il est, n'a pas assez de qualifications méprisantes contre cette petite troupe de Français qui décidément se sacrifiaient en enfants perdus, et faisaient œuvre de bonne guerre. Pour lui ce sont des forbans, des soudards, des reitres, libres de tenter toute entreprise, à condition en cas d'insuccès, d'être désavoués; et du Breil un capitaine d'aventure, bon à toute expédition hasardeuse et dont on était aise de se débarrasser.

Nous ne pouvons juger les choses du même œil, et il nous paraît un peu naïf de tant s'étonner qu'au point où en étaient la France et l'Angleterre à cette époque, il soit venu à l'idée des Français de faire une descente sur le sol anglais et d'y faire tout le mal possible, à charge de revanche.

A la fin de 1549 et tous ses préparatifs terminés, Henri II mit le siège devant Boulogne et la serra de

si près que les conseillers d'Édouard VI se décidèrent
à la restituer à la France, et à faire la paix, qui fut signée le 24 mars 1550. Du Breil qui, peu après, allait
se mêler d'une manière plus active encore et sur un
plus grand théâtre à la guerre qui se ralluma, semble
ne point perdre de vue ses affaires privées, et savoir
très bien les mener concurremment avec ses expéditions et ses combats. Il profita justement de cette seule
année de paix pour conclure aussi un traité d'un autre
genre, ou retenu à Serk, il dut se faire représenter par
son fidèle bras droit le capitaine la Roche. Celui-ci
continuait aussi sa carrière militaire parallèlement à
celle de son frère, avec un égal courage, mais un
moindre éclat, et semble surtout occupé, quand la
guerre lui en laissait le loisir, à remplacer son frère et
à surveiller fidèlement ses intérêts. Ce traité que conclut du Breil était l'acquisition des Hommeaux, terre
de l'aïeul commun. On se rappelle que Rolland du
Breil, grand-père du capitaine, avait, par le testament
dont nous avons cité quelques parties, fait de nombreuses fondations aux Jacobins de Dinan, pour lui et
« ſes amis vivans & trépaſſés. » A l'exécution de ces
legs il avait obligé tous ses biens, et spécialement
aussi Charles, son fils aîné. La descendance de ce
Charles s'étant éteinte en 1547 dès la première génération, les droits de l'aîné passèrent à Julien du
Breil de Rays-Mallerie, dont nous avons déjà parlé
plusieurs fois. Il était petit-fils d'un fils de Roland,

nommé Rolland lui-même, et aîné du père du capitaine Breul.

Comme il était mineur, Madeleine le Bégassoux, sa mère, vendit le 29 octobre 1550, au capitaine du Breil, représenté par son frère le capitaine la Roche, les terres et seigneuries des Hommeaux et Lergay, sur lesquelles étaient assises les fondations des Jacobins, mais à charge d'acquitter le testament de l'aïeul commun [1]. Nous verrons plus tard comme quoi Julien, devenu majeur, voulut revenir contre cette vente faite par sa mère, et les nombreux procès auxquels elle donna lieu. A partir de ce moment, les Hommeaux se partagèrent, avec le Breil de Meillac, les rares instants de la vie du capitaine où il n'était pas à l'armée. Cette acquisition des Hommeaux le substituait en quelque sorte aux aînés de sa famille et lui en donnait tout l'honneur et le relief. Ce moment de répit ne fut pas long. Eut-il même le temps d'aller prendre possession du manoir de famille ? C'est fort douteux, car outre que nous voyons son frère le remplacer au contrat d'acquêt, dès le 24 février 1551, Jehan de Bretagne duc d'Estampes, gouverneur de Bretagne, lui écrivait « pour la conduite des 300 hommes d'armes que le roi lui a ordonné de lever, & pour faire leur conduite en Normandie & enfuite en Champagne [2]. » C'étaient en effet les préparatifs

---

(1) Archives de Clays.

(2) Nous n'avons plus l'original de cette lettre ; nous la connaissons par l'intitulé qui se trouve dans l'inventaire de 1716.

de la guerre qui recommençait entre l'empereur et la
France. Les premières hostilités eurent lieu en Italie,
dans les duchés de Parme et Plaisance, champ de bataille éternel, où, sous le nom des Farnèze, chacun des
deux princes voulait seul dominer. Elles s'étendirent
bientôt du sud au nord, et le roi Henri II, après avoir
fait alliance avec les princes allemands contre Charles-
Quint, commença en mars 1552, par s'emparer de
Metz, Toul et Verdun. Mais, dès le mois de mai, les
princes confédérés firent la paix à Passau, sans que le
roi de France y fût compris, et les deux grands adversaires se retrouvèrent seuls en face l'un de l'autre.
Charles-Quint, libre du côté de l'Allemagne, voulut de
suite reprendre Metz et vint, en octobre 1552, mettre
le siège devant cette ville, où le duc de Guise se ren-
ferma avec la plus brillante noblesse française.

Du Breil s'était réuni à cette troupe d'élite. Le P. Daniel, p. 65, t. VIII, éd. de 1729, nomme de *Beuil*
parmi les seigneurs qui se réunirent au duc de Guise,
et cela m'a bien l'air d'être le nom de Breil mal ortho-
graphié. Mais il n'y fut pas longtemps, car, un mois
après le commencement du siège, notre pauvre héros
était prisonnier et assez mal en point, comme le prouve
la curieuse lettre que l'on va lire. Elle est de la dame
du Breil. Ces documents intimes de la vie privée au
XVIe siècle ne sont pas communs :

*A Monſieur mon frère M. de la Roche cappitaine de Chauſey
à la Coulombière :*

Monſieur mon frère, je ſuys en ce lieu de Maubertfontaine [1]
ou M<sup>r</sup> voſtre frère m'a envoiée attendant quil ſoyt miz à ranſon
ce que j'eſpère qui ſera bientoſt, & meſmes que en ce lieu ne
ſuys que a xiiii lieues de luy ou j'ay moïen de ſcavoir ſouvent
de ſes nouvelles & auſſy de advertir vous & aultres de noz amys
qui ſera neceſſaire fayre por luy. Il comanda vous eſcripre quil
vous prye faire por luy par de là ce que vouldriez quil feiſſe
pour vous ſy eſtiez en fortune comme luy. Il vous eſcripvit eſtant
au camp du roy d'Eſpaigne qu'il vous pryoit de luy envoïer 300
eſcutz par ſon ſecrétaire. Il m'a commandé de vous advertir quil
veult que ce ſoit par Deſjardins & qu'il le viengne trouver en
ce lieu car nous aurons affaire de luy par les chemins. Il trouve
bien eſtrange que ſon ſecrétaire ne face aultre diligence de retourner vers luy & quil ne luy en face ſcavoir quil aura faict,
tant pour avoir pourchaſſé ſes eſtatz [2] que pour la cappitainerye
de Granville. Il me ſemble quil ſy debvroit emploïer cependant
qu'il n'a guère affaire.

Monſieur mon frère, il nous eſt deu la levée de deux années
de Hedez [3], je vous prye eſtre moïen que Deſjardins nous en
apporte l'argent à Noël au plus tard à Paris. Il ſcaura de nos
nouvelles là ou je lui en ai eſcript. Je eſcriptz au recepveur des
Hommeaulx, de La Marre [4] & de Montcontour [5] qu'ilz aient à
amaſſer tout l'argent quil nous reſt deu pour le nous envoyer

(1) Maubertfontaine, petite ville actuellement dans les Ardennes, canton
de Rocroi.

(2) Avoir recueilli ses revenus.

(3) Il était probablement gouverneur de la petite forteresse de Hédé.

(4) La Marre-Jouan, terre dans la paroisse d'Hénon, que le capitaine Breil
dut vendre en 1559 pour payer sa rançon.

(5) Il avait été fait capitaine de Moncontour par le duc d'Estampes (DU PAZ,
p. 776).

quant il fauldra la ranſon de voſtre diɕ frère & qu'ils verront ſon ſigne. La ferme du diɕ Hedez eſt echeue. Je vous prie prendre la peine de la bailler. J'ay eſcript au Boys que luy ſoit bannie au jour que luy commanderez. Sil luy fault procuraõn maiſtre Jehan Mingart [1] a charge d'en faire une. J'ay charge de vous eſcripre pareillement que ayiez en recommandaõn le jardin & verger du Brueil. Voſtre diɕ frère vous prye eſtre moïen que le diɕ verger ſoit achevé de planter & que des deux cotez des grandes allées tant celles de la croiſée que celles qui font le tour dudiɕ verger, que on y mette force vignes. Don Bertrand fera bien tout cela avec un planteur de vigne qu'il ſe pourra recouvrer au païs Rennès ou de Chaſteauneuf. En ceſt endroiɕ préſente à voſtre bonne grace & pareillement à Madamoiſelle ma ſœur mes très humbles recommandaõns priant Dieu võs donner en ſanté très bonne & longue vie. De Maubertfontaine ce xxviie jour de novembre 1552.

Monſieur mon frère, je vous prie derechef de accorder ſa demande à voſtre diɕ frère & de luy envoïer par Deſjardins ce quil vous eſcripvit à Noël au plus tard. Vous ſcavez quant il fera délivré de priſons il fera deſpourveu de chevaulx de armes & de touttes choſes.

Voſtre obéiſſante ſœur à vous faire ſervice,

JEHANNE DE TRÉAL.

La liaison intime des deux frères qui s'aident en toute occasion était encore augmentée par leurs alliances. Ils avaient épousé les deux sœurs, Jeanne et Catherine de Tréal, filles de Briand et de Françoise de Vendel, ainsi qu'une autre Jeanne qui épousa Claude

---

(1) Mingart, très vieille famille bourgeoise de Saint-Malo, dont il existe encore, croyons-nous, des représentants ; alliée aux Frottet de la Bardelière. Jehan Mingart était le procureur de François du Breil.

de Malestroit, et Anne, mariée au sieur de Chateau-
briand-Beaufort.

Les Tréal étaient une famille ancienne et puissante,
originaire de la petite paroisse du même nom, près
Malestroit. La vieille et pittoresque petite église, entourée de pins, située tout à fait sur le bord d'un petit
ruisseau qui forme la limite de la paroisse [1], est en-
foncée dans une gorge tellement profonde et sauvage
qu'on semble devoir descendre sur la pointe du clo-
cher. Elle porte encore sur ses murailles le croissant
burelé d'argent et d'azur de cette antique race qui a
fourni, en 1364, un évêque de Rennes, et qui, au
XVIe siècle, alliait ses filles aux Nevet, aux Brullon,
aux Guitté, aux Malestroit, aux Sévigné, aux Tourne-
mine et aux Rohan, c'est-à-dire aux plus grandes mai-
sons de la province.

Jehanne de Tréal avait donc rejoint le prisonnier, et
ne pouvant être près de lui, s'était réfugiée dans cette
petite ville toujours occupée par les garnisons de l'un
ou l'autre parti. Elle ne contient aujourd'hui que 1,500
habitants. Il y avait loin du Breil à Maubertfontaine,
le voyage était difficile, et la dame du Breil, que nous
verrons dans une autre occasion essayer d'énergiques
efforts pour faire évader son mari, nous paraît une
brave et courageuse châtelaine, capable d'agir et aussi

---

[1] Aussi a-t-on déplacé l'église pour la mettre au centre de la commune,
et M. le curé de Tréal a eu le bon goût, bien rare, hélas! de replacer dans la
nouvelle construction tout ce qu'il a pu sauver de l'ancienne.

de compter; car dans cette détresse elle suppute fort bien ses revenus arriérés, et sait à quelle date il faut renouveler les baux écoulés. Il y a un post-scriptum qui nous touche. C'est ce souvenir pour le verger de son manoir, pour ces belles allées qui doivent être entourées de cordons de vigne si bien plantées[1]. Nous reconnaissons là le fidèle amour du sol qui est au cœur de tout propriétaire breton. Nous aimons à y retrouver ce Don Bertrand, probablement le chapelain du lieu, resté fidèle gardien du logis abandonné. Tout cela contraste heureusement avec les rudes habitudes du guerrier toujours sous le harnais, et peu sensible, croirait-on, aux doux labeurs du foyer domestique.

Quoi qu'il en soit, le capitaine la Roche, en frère dévoué qu'il était, dut faire merveilles, et nous pensons que le prisonnier fut délivré à Noël comme il comptait. Mais ce ne fut point pour prendre du repos, car le lendemain de Noël, 26 décembre 1552, il reçut du roi des instructions que nous avons retrouvées à la Bibliothèque nationale et qui lui donnaient encore une mission de confiance.

[1] Il n'existe malheureusement plus au Breil rien qui date de l'époque du capitaine. Le château est tout moderne, tout à côté sont des restes de douves, entourant quelques monticules de terre où devait être l'ancien manoir. Une châtaigneraie l'ombrage du côté de l'ouest; en face, et séparé par quelques mètres à peine, commence un vaste taillis en pente, au milieu duquel s'ouvre une large allée. Le pays environnant est coupé de grands domaines un peu vallonnés et de bois; peu d'horizons lointains. Ce devait être un séjour assez mélancolique au XVIe siècle. Les descendants du capitaine la Roche, héritier de son aîné, vendirent au XVIIIe siècle cette terre à la famille du Vautenet, dont les descendants la possèdent aujourd'hui.

Une erreur du copiste les a datées de décembre 1553, mais le texte, qui parle de Charles-Quint occupé au siège de Metz, ne permet pas de leur donner une autre date que celle qui est déterminée par les événements [1].

Il y est ordonné au Sr du Brueil « d'aller par devers M. le duc de Nyvernais [2] qui est à présent à Toul ou ès environs, & luy fera entendre de la part du roy que il a mis en grande consideration l'importance dont luy est la ville de Toul, & auffy l'eftat des affaires de l'Empereur quil voit tellement attaché à Metz & fi opiniâtrement quil ne fcauroit veu la faifon & le mauvais temps partir de là ou il eft de 2 ou 3 mois, devant lequel temps led. feigneur defireroit bien mettre lad. ville de Thoul en deffenfe... le roy délibérant quand elle fera en deffenfe en bailler la charge au Sr de Bordillon ainfi que led. Sr du Breul luy fera entendre. Plus, led. Sr de Nevers fera dreffer un portraict de ce qui eft defja faict & de ce qui fera à faire, qu'il renverra au roy par led. fieur du Breuil. Et néant moins led. Sr de Nevers, & foubs fon auctorité led. Sr de Bordillon, & Defclavolles feront diligence de trouver gens pour y venir befoingner. De tout ce que deffus led. Sr du Brueil rapportera la réfolution le plutôt quil pourra etc... Fait à Compiègne le 26 j. de décembre 1553 (1552). » *Signé* HENRY, et plus bas : DE L'AUBESPINE.

_______

(1) Bibliothèque nationale, cabinet des titres, f. fr. n° 3124, p. 9. On trouvera le texte entier aux Pièces justificatives, n° 1er.

(2) François de Clèves, duc de Nevers et gouverneur de Champagne.

Les prévisions de la Cour étaient fondées : l'empereur, en effet, pendant le siège de Metz, envoya un détachement sommer Thoul de se rendre : M. des Clavolles répondit qu' « après que l'Empereur auroit pris Metz, qu'enfuite S. M. Impériale lui auroit fait l'honneur de l'affiéger dans les formes, & que lui fe feroit défendu auffi longtemps que le duc de Guife, on pourroit lui faire une telle fommation & qu'alors il verroit ce qu'il auroit à faire. » Après une pareille réponse, le comte d'Egmont qui commandait ce détachement, n'eut rien de mieux à faire qu'à s'en retourner à Metz[1]. Mais la réplique de des Clavolles méritait bien d'être reproduite une fois de plus, et signalée comme un modèle de hautaine et chevaleresque politesse française.

On sait le reste : Charles-Quint fut obligé, en janvier 1553, de lever le siège de Metz, et le duc de Guise, qui à trente-trois ans remplissait la France d'enthousiasme et de reconnaissance, qui dès le commencement du siège avait enlevé des églises des faubourgs plus exposées, les reliques des saints et les ossements des princes pour les mettre sous la garde immédiate de son épée, put remercier Dieu de son succés dans une majestueuse procession où assistèrent tous les princes et les seigneurs avec le clergé. On nous permettra de dire, en passant, que ce spectacle a plus de grandeur

---

[1] P. Daniel, *Histoire de France*, t. VIII, p. 74, éd. de 1729. In-4.

et a peut-être servi davantage au succès final, que celui qui fut donné pendant un siège douloureusement célèbre, où la statue de Voltaire fut élevée solennellement sur une place publique de Paris, comme un invincible palladium, mais reçut, il est vrai de le dire, un des premiers boulets prussiens.

Sitôt le siège levé, Henri II envoya à Metz différents agents diplomatiques, qui de là devaient tâcher de s'entendre avec les princes allemands et former une nouvelle ligue contre l'Empereur. Charles de Marillac, évêque de Vannes, et frère de notre évêque de Rennes Bertrand, était du nombre. Notons en passant ce souvenir breton.

L'empereur Charles-Quint, désespéré de son retentissant échec et pressé de prendre sa revanche, fit investir la ville de Thérouanne (avril 1553). Ce siège est décrit d'une façon très vivante par François de Rabutin [1]. La place, regardée comme imprenable, était en quelque sorte la clef du pays, tant du côté de l'Angleterre que de la Flandre. Depuis quelque temps cependant elle avait été laissée un peu dépourvue. Dès l'annonce de l'investissement une multitude de noblesse vint s'y renfermer « pour y acquérir honneur » sous le commandement de Montalembert d'Essé, vieux guerrier qui s'était illustré pendant les règnes précédents, et vieux nom qui a continué de s'illustrer encore.

---

(1) *Mémoires*, année 1553.

« La batterie, » dit François de Rabutin, « fut la plus
étrange & furieuſe qui ayt eſté faite depuis cent ans
en deça. Tellement que à ouir le tonnerre qu'elle rendait, on euſt plus toſt jugé eſtre montagnes qui tom-
baient les unes ſur les autres, & toute ſorte de fouldres
y eſtre meſlées qu'inventions humaines. Toutefois ces
vaillants & hardis capitaines & braves ſoldats en avaient
peu de frayeur, car faiſans continuelles ſorties & re-
charges ſur leurs ennemis au milieu de ces éclairs &
fumées, les rechaſſaient & rembarraient à monceaux
dedans leurs forts à la ſimilitude qu'un loup affamé
ſortant d'un bois fait fuir & ſerrer enſemble les troupeaux de moutons épars. La tempête & fouldroyante
batterie des ennemis renforçait de jour en jour & ne
demeurait dans la ville tour ne tourelle, juſques à une
girouette qu'ils ne portaſſent par terre. Ceux de dedans
au meſme lieu qu'ils veoient que le boulet donnait,
portaient ſur leur dos la terre, la faſſine, le gazon &
le fumier. »

Au bout de quelques jours et malgré les efforts hé-
roïques des assiégés, la brèche étant ouverte, l'ennemi
donna un assaut terrible, où, dit encore Rabutin, « on
ne voyait que feux grégeois & inextinguibles, on n'y
oyoit que froiſſement de harnois, piteux cris des bruſ-
lés, fracaſſés & mourans lequel dura plus de 10 groſſes
heures, ſe rafraichiſſans les ennemis juſqu'à 3 fois. »

Le vieux Montalembert d'Essé y fut tué, ainsi qu'un
de ces jeunes Chasteigner de la Roche-Pozay, héros et

poëtes à vingt ans, et dont les mémoires du temps ont conservé le sympathique souvenir.

Deux assauts ainsi repoussés, Antoine, roi de Navarre, duc de Vendosme, qui commandait non loin de là le camp de Dampierre, voulut essayer d'envoyer du renfort à ces braves gens. « Il fit partir de Hefdin les cappitaines St Roman & Breul, qui était toujours prêt, avec environ 300 hommes de pied pour effayer d'y entrer. Ce qu'ils firent heureufement en forçant les retranchements ennemis [1]. » C'est le 16 juin que le duc de Vendosme previent le mayeur et les échevins d'Amiens de cette heureuse réussite [2] :

« Ayant faict conduire la nuit paffée par les cap[nes] St Roman & le Breuil le nombre de 300 hommes de pied *des plus braves & vaillants de toutes nos bandes,* qui y font entrés ce matin, enfemble plufieurs gentilfhommes qui y font allés pour leur plaifir. » Les descriptions des attaques que nous venons de reproduire font ressortir combien le « pour leur plaifir » est français et chevaleresque. Il faudrait au moins compter ceux-là dans l'énumération qu'on fait souvent des privilèges de la noblesse à cette époque.

Les espérances de succès du roi de Navarre ne devaient pas se réaliser, et les Impériaux ayant miné la

---

(1) *Mémoires de François de Rabutin*, liv. v.

(2) Voir le texte de cette lettre aux pièces justificatives, n° 2. Duvillars (*Mémoires*, liv. iv) parle de ce fait comme s'étant passé le 26 et 27 du mois. La lettre du duc de Vendôme doit rectifier cette date.

ville et le rempart, François de Montmorency, fils du connétable, qui commandait dans la ville, dut se résigner à la rendre le 20 juillet 1553. Les Allemands ne « parlaient que de couper gorges. » Heureusement les plus apparents prisonniers, comme le marquis de Baugé [1], Saint-Roman, le Breul, se rendirent à divers maîtres qui ne les connaissaient pas : les simples soldats entrant les premiers dans la brèche ne surent pas que c'étaient des personnages de marque, et notre capitaine, ainsi que ses compagnons d'infortune, put se racheter pour une rançon peu considérable. Hélas ! les revenus de Hédé et des Hommeaux n'avaient guère eu le temps de s'accumuler depuis six mois, et les hommes d'affaires de du Breil durent avoir une ingrate besogne à accomplir ! Il fut cependant plus heureux que ses compagnons d'armes, car l'empereur, continuant ses succès, s'empara de la ville et du château d'Hesdin, et Charles de Luxembourg, vicomte de Martigues, frère du marquis de Baugé, y fut tué ainsi que le capitaine Malestroit [2], seul nom breton que nous citent les historiens du temps.

La seconde captivité de du Breil ne fut pas longue : car, le 25 septembre 1553, il recevait de l'amiral de

---

(1) Sébastien de Luxembourg, duc de Penthièvre, marquis de Baugé, vicomte de Martigues, surnommé le chevalier sans peur, gouverneur de Bretagne en 1564, après le duc d'Étampes. Il fut père de la duchesse de Mercœur.

(2) La baronnie de Malestroit étant à cette époque possédée par Anne de Montejean, dame d'Acigné, je pense que ce Malestroit devait être Claude, chef de la branche de Kaer, époux de Jeanne de Tréal, la jeune sœur de la dame du Breil, qui servait probablement auprès de son beau-frère.

Colligny le passeport que nous avons déjà cité (p. 18) et dont nous n'avons que la mention sommaire, sans qu'il nous fasse connaître où se rendait le capitaine. Mais les *Mémoires de Rabutin* (année 1553) vont nous l'apprendre. « Après la prife de Thérouanne, » dit-il, « les troupes retournèrent à Miraumont qui n'eft qu'à deux lieues de Bapaume, lieu fort & odieux & dommageable aux Français, » autant que Thérouanne l'était aux Bourguignons. Le connétable, avec la plupart des princes & 50 à 60 chevaux, alla reconnaître cette place. Le gouverneur, à l'arrivée de cette belle compagnie, « ne fe montra point chiche de pouldres & de boulets nous envoyant de telle marchandife plus qu'on en voulait. » Le capitaine Breul fut blessé d'une harquebusade à la cuisse (3 septembre 1553). C'est cette blessure dont parle Montluc et qui rendit le pauvre guerrier boiteux pour le reste de ses jours. Au reste, il ne se ménageait guère, et nous allons le voir sans cesse blessé ou prisonnier pendant toute cette rude campagne. Ce passeport était donc probablement pour lui permettre d'aller s'achever de guérir en Bretagne et prendre possession des Hommeaux, que depuis son acquisition il n'avait certes pas eu le temps de voir.

Au mois de juin de l'année suivante (1554), le connétable de Montmorency, que l'on avait accusé d'inaction pendant les derniers mois de 1553, envoya à l'improviste le maréchal de Saint-André assiéger Mariembourg, ville favorite de la reine de Hongrie, sœur de

Charles-Quint, qui l'avait fondée et lui avait donné son nom [1]. Elle était remplie de munitions d'un prix inestimable [2]. La ville, prise à l'improviste, fut obligée de capituler le 28 juin, et le roi y arriva bientôt pour rejoindre son armée, « laquelle fut mise en ordonnance de bataille & toute l'artillerie déchargée, rendant un merveilleux bruit & retentissement dedans les bois & rochers des Ardennes, donnant avertissement aux autres villes impériales de la reddition de celle-ci. » Le roi fut tellement aise de cette conquête qu'il voulut l'appeler de son nom, Henriembourg, mais l'ancien usage a prévalu. Le 6 juillet, il nomma Breil capitaine de cette place et l'y laissa avec trois compagnies, avec ordre d'en réparer et augmenter encore les fortifications [3]. Voici, au reste, la lettre que Montmorency lui écrivit à cette occasion. Il nous semble y retrouver quelque chose de trop personnel au connétable pour que ce soit l'œuvre d'un secrétaire; ne serait-ce que le soin avec lequel il entre dans les moindres détails, le ton généralement un peu rude des instructions, et surtout cette défense de donner de la viande aux soldats, afin qu'ils soient forcés d'en aller prendre sur l'ennemi :

---

(1) Mariembourg est actuellement un village de la province de Namur, canton de Philippeville, d'une population d'un peu plus de 700 habitants, qui ne se doutent pas qu'ils sont citoyens d'une ville ayant jadis des gouverneurs nommés par le roi très chrétien. Mariembourg ne possède aucun souvenir historique.

(2) LA POPELINIÈRE, *Histoire de France depuis l'an 1550*, éd. de 1581, t. 55.

(3) *Mémoires de Rabutin*, loc. cit.

Capitaine Breil, le roy pour la fiance qu'il a de vous vous a donné la capitainerie de fa place de Mariebourg, avecques pouvoir dordonner des fraiz quil y faudra faire tant pour les réparaõns & envitaillemens que pour toutes aultres defpences qui fy peuvent offrir d'heure en aultre, f'affeurant tant de votre fidélité & bon mefnage, quil fe promet que vous ne lui ferez faire defpence qui ne foit utile & neceffaire & avecques toutte l'efpargne qui fera poffible pour fon profilt, vous advifant quil veut que vous appellez avecques vous Laulnay quil vous laiffe encore pour quelque temps pour affifter aux defpences pour le commencement & voir mettre les chofes à leur train. Je vous anvoys votre lettre de capitaine de ladicte place [1] ou eft inféré voftre pouvoir, & vous prye, capitaine Breil, que fi vous n'avez encore fait commencer à la fortificaõn dudit Mariebourg aux lieux que je vous ay dict, & principallement au coullon (sic) du Boullevoir d'Arfcot, vous y faictes mettre incontinent la main, & y faictes ufer de toute la diligence que faire fe pourra, en quoy j'éfcris à Delorme qu'il f'employe affin quil ne f'y perde une feulle heure de temps. Je mande audict Laulnay qu'il ne baille plus de lards aux foldats, ne plus pour bende que une pièce de vin — & d'aultant de bière par jour, trouvant bien eftrange quil leur en ayt faillu tous les jours cinq pièces depuys que je les ay faict entrer là dedans. Vous tiendrez main de les faire contenter de ladicte diftribution, & quand aùx chairs ils ont bien moyen d'en prendre fur l'ennemy fans fe mettre à manger ce qui eft pour la provifion & envitaillement de la place, vous recommandant en cela & touttes aultres chofes de voftre dite place le fervice du roy felon la fiance quil a en vous & quil eft requis. Et que vous y teniez vivement la main, & fur ce je prye Dieu capitaine Breil qu'il vous doint ce que plus défirez. Du camp de Gincy le 6e jour de juillet 1554, & plus bas eft efcrit : Je fuis après à faire recouvrer une bonne quantité de beftes à corne que je vous envoiray

<hr>

(1) Nous n'avons pu retrouver cette lettre, très flatteuse pour le capitaine, dont du Paz, qui l'a eue fous les yeux, donne le réfumé.

là dedans, & plus bas eſt eſcrit : Le bien voſtre amy Monmo-
rency, & en la ſuperſcription eſt eſcrit : au S<sup>r</sup> du Breil cap<sup>ne</sup> de
Mariebourg.

Collationné à loriginal par moy No<sup>re</sup> S<sup>re</sup> du roy en ſa Cour
de Parlement de Bretagne.

BOURGONNIÈRE.

Malheureusement nous n'avons plus l'original. Et,
comme pour beaucoup d'autres lettres et pièces, je n'ai
retrouvé que cette copie authentique certifiée et signée
par le sieur Bourgonnière. Voyant l'intérêt qu'y atta-
chaient déjà les descendants du capitaine Breil, il est
étonnant qu'on n'ait pas conservé ces originaux avec le
même soin que les autres. Bourgonnière exerçait en
1613 [1]. Il est donc probable que ces copies furent
faites, soit pour du Paz, qui a évidemment travaillé
sur ces documents, soit pour quelque autre généalo-
giste, qui moins scrupuleux que le sieur de Rays-Mallerie, aura gardé les originaux, justifiant ainsi la pré-
caution qu'on avait prise d'en faire des copies.

L'importance du poste que le connétable confiait à
la valeur de du Breil se mesure aisément quand on
pense à la joie du roi lors de la prise de cette place, et
aux efforts qu'on fit de part et d'autre soit pour la recouvrer, soit pour la conserver; efforts qui donnèrent
naissance à trois nouvelles villes : Rocroy, petit village
que Henri II fit agrandir et fortifier, tandis que l'empereur fondait Charlemont et Philippeville.

(1) *Nobiliaire de Courcy*, t. I, p. 116.

Nous rencontrons encore un Breton parmi ceux qui combattaient avec le Breul à cette époque : le capitaine l'Adventure, qui commandait « trente arquebusiers [1] » dans les troupes qui devaient garder les provinces du Nord après la prise de Thérouanne [2]. C'est lui qui, dans une escarmouche près de Chimay, quelque temps auparavant, « retournant de courir & recognoiftre les chemins & les bois, » eut une partie de sa compagnie défaite et prisonnière. C'est encore lui qui, avec ses arquebusiers à cheval, fut chargé d'aider au ravitaillement de Mariembourg en cette année 1555. Les ennemis dévalisaient les soldats et marchands, rompaient les chariots et défirent un matin la compagnie de l'Adventure, tuèrent son porte-cornette et la plupart de ses soldats.

Le nom bizarre de ce seigneur semblerait un nom de guerre ou un sobriquet de condottiere, si l'on ne savait que Briand de Tréal, père de la dame du Breil, était seigneur de Beaubois l'Adventure [3], et que ses deux fils Noël et François de Tréal en portèrent le nom. Nous ne savons duquel des deux il s'agit ici.

(1) Les arquebusiers à cheval étaient une création toute nouvelle du duc de Guise. Ce grand capitaine avait compris tout le parti qu'on pouvait tirer des armes à feu et s'appliquait avec un soin tout particulier à les répandre, à les perfectionner. MGR LE DUC D'AUMALE, *Histoire des princes de Condé*, t. I, p. 39.

(2) *Mémoires de Duvillars*, liv. IV, année 1553.

(3) Nous n'avons pu retrouver en quelle paroisse était située cette terre de l'Adventure. D'après des titres on pourrait croire que ce nom ne fait qu'un avec celui du château de Beaubois en Bourseul et qu'il faut lire : Beaubois-Ladventure. (Archives de Clays.)

Dans les lettres des archives de Monaco, du Breul organisant la défense de Granville contre les huguenots, assure au maréchal de Matignon qu'il peut compter tout autant sur ses beaux-frères de l'Adventure que sur lui[1]. Ils servaient donc ensemble[2].

Après tant de mésaventures et d'infortunes il était temps que du Breil obtînt quelque dédommagement aux pertes qu'il avait subies, et aux saignées que ses rançons avaient dû faire à sa bourse. Le roi le récompensa d'une manière qui nous semble extraordinaire avec nos mœurs actuelles et qui devait laisser de bien grandes inimitiés dans les familles.

« Le dernier jour d'aouſt 1555 le roy eſtant à Saint-Germain en Laye a donné au capitaine Breil gouverneur de Mariembourg les confiſcations & amendes en quoi pourront eſtre condamnés Charles Ferré ſieur de la Garays & ſon frère, & Jehan ſeigneur de Canquoy[3] ſon beau frère, pour eſtre atteints du fait d'héréſie — Monſieur le Conneſtable préſent[4]. »

Il faut remarquer là, la présence de Mgr le connestable, qui protégeait beaucoup son compagnon

(1) Noël mourut sans postérité. François épousa Adrienne Gautron, qui était veuve en 1567. Son fils Christophe, seigneur de l'Adventure et de Beaubois, épousa Françoise de Quellenec. Leur fille unique Adrienne épousa Jacques de Nevet, en qui s'est fondue cette famille. (Archives de Clays et de la Bourbansais.)

(2) *Mémoires de Rabutin.*

(3) Canquoy. — Jean de Cancoët avait épousé Ysabeau de Téhillac, sœur de Bonaventure de Téhillac, femme de Charles Ferré. Sgr de la Garaye. Ref. de la noblesse. 1668.

(4) DOM MORICE, *Preuves*. t. III, col. 1146.

d'armes, et qui en fait de confiscations, n'y regardait pas de si près.

Malheureusement, Charles Ferré était frère de Marie Ferré, femme d'un autre Julien du Breil auteur d'une branche cadette de cette maison et cousin du capitaine Breil comme Julien du Breil de Rays Mallerie. Aussi nous verrons plus tard ce second Julien, tout aussi processif que le premier, profiter de la vieillesse du vieux lion pour l'attaquer en justice, réclamer contre ce don du roi, et qui plus est, revendiquer pour lui-même les confiscations faites sur son beau-frère.

Cette année, au reste, la guerre se fit assez mollement par suite de l'épuisement des deux partis. L'empereur se préparait à la grande et étrange détermination de son abdication, et pour que son fils commençât paisiblement son règne, il conclut une trêve avec la France, le 5 février 1556. Mais cette trêve n'était que pour reprendre haleine. Comme auparavant les hostilités s'étaient surtout localisées en Picardie et sur les bords de la Somme, nous voyons dès le 10 janvier précédent du Breil, qui se trouvait toujours au plus fort de la bagarre, nommé capitaine et gouverneur d'Abbeville [1], c'est du Paz qui nous donne cette date. Nous n'avons pas les lettres originales, mais nous avons

(1) Les mayeurs avaient le commandement habituel des forces militaires de la ville qu'ils administraient. Le gouverneur était un officier royal qui prenait le gouvernement en temps de guerre, en état de siège dirions-nous, et dont, en ce cas, les ordres étaient souverains.

une ordonnance du roi enjoignant à qui de droit de lui faire payer 1,200 *ħ* tournois pour les gages et pensions de cette capitainerie. Hélas! cette pièce, datée du 12 avril 1556, ne fut renvoyée au procureur général des finances que le 17 septembre 1557, comme il résulte d'une annotation portée au dos de la pièce [1], et « les coffres de l'hoftel du Louvre » dont il y est question, nous semblent avoir été bien vides [2]!

La trêve signée avec l'empereur portait que chacun garderait ses positions. Il est certain que Français et Espagnols retirés dans leurs places fortes, emmélés en quelque sorte, et en face les uns des autres, ne pouvaient longtemps rester en paix, et enfin la guerre se ralluma partout, par un simple effet, dirait-on, de combustion spontanée.

Les garnisons d'Hesdin menacèrent Abbeville ; aussi, dès le 23 octobre 1556, deux mois avant la rupture officielle de la trêve, du Breil recevait un ordre du roi, qui prouve les préparatifs secrets qui se faisaient d'avance, et lui commande de lever trois cents hommes de pié des plus vaillants et aguerrys qu'il pourra choisir, pour les employer à la garde de cette place « fans touteffois recepvoir ceux qui font jà en nos bandes foubz la charge d'aultres capitaines, & les conduire ou il vous fera ordonné par nre amé & feal

---

le S$^r$ Dandelot collonel des gens de pié français[1]. »

La fin de cette année et la première partie de la suivante, 1557, se passèrent donc en hostilités où chacun des deux partis remporta tour à tour quelques avantages. Le roi Philippe II, qui avait épousé la reine Marie d'Angleterre, usa de toute son influence sur elle pour la faire déclarer aussi la guerre à la France, et cette interminable lutte continua plus violente que jamais. En juillet 1557 le duc de Savoye, qui commandait l'armée espagnole, après avoir simulé quelques attaques sur de petites places secondaires, vint investir Saint-Quentin.

L'amiral de Coligny, gouverneur de la province, se dirigea aussitôt vers la ville avec l'intention d'y pénétrer de vive force. Il raconte dans ses mémoires qu'en s'y rendant il trouva à Ham un gentilhomme avec une lettre de créance du capitaine Breul qui lui dépeignait le découragement des habitants, la ville étant loin d'être en état de défense. Du Breil venait d'être nommé gouverneur de Saint-Quentin. Après Mariembourg, Abbeville ; après Abbeville, Saint-Quentin. Il faut remarquer le rôle important que joue notre Breton dans cette guerre, où il est immédiatement désigné lorsqu'il y a une place à fortifier, une conquête nouvelle à maintenir dans l'obéissance, ou un poste dangereux à défendre.

L'amiral força un quartier des ennemis et se jeta

_______

(1) Archives de la Bourbansais. (Voir pièces justificatives, n° 4.)

dans la place avec 700 hommes ; le reste de sa troupe dut battre en retraite. Sa présence ranima les courages, et il s'occupa de suite des travaux de défense. Il commença par s'enquérir de l'état des compagnies qui se trouvaient dans la ville. Beaucoup étaient incomplètes. Celle de du Breul en particulier, était absolument démembrée, et l'amiral l'en excuse dans son récit, en remarquant qu'on l'avait envoyé dans la place dix jours seulement avant l'investissement, qu'il avait perdu beaucoup de ses soldats au sortir d'Abbeville, et que tous ses arquebusiers et les meilleurs de ses hommes avaient dû rester à Bohain [1].

Un tiers de la circonférence de la place était borné par un lac d'eau profonde ou marais jugé impraticable. Le connétable de Montmorency, qui occupait les environs de la ville avec son armée, fit savoir à l'amiral que, par des gués inconnus à l'ennemi, il pourrait peutêtre faire pénétrer quelques troupes dans la ville. Dandelot avait déjà réussi à s'y jeter avec quelques compagnies. Le 10 août, le connétable essaya d'en faire autant ; un malheureux retard donna le temps au duc de Savoye d'arriver, et après un premier échec, il chargea si rudement la cavalerie française qu'il la mit en entière déroute et, après un combat acharné, l'artillerie ennemie acheva ce désastre. Cette funeste bataille coûta la vie à une infinité de noblesse. Le duc d'En-

(1) Bohain en Vermandois, actuellement chef-lieu de canton de l'arrondissement de Saint-Quentin. 5,000 habitants.

ghien, frère du prince de Condé, y fut tué [1] avec plus de six cents gentilshommes de la plus haute qualité. Le connétable fut blessé et fait prisonnier, ainsi que les ducs de Montpensier, de Longueville, et le maréchal de Saint-André. Dandelot parvint à s'échapper. Le retentissement de ce désastre fut immense et la désolation générale en France.

Le duc de Savoye espérait qu'après ce brillant succès la ville capitulerait, mais l'amiral jura de tenir bon quoiqu'il n'y eût plus guère de secours à espérer. « Il y avait, » dit-il, « jusqu'à onze brèches dans les remparts de la ville, et il n'avait à peine que huit cents hommes pour les défendre ! » Il distribua ces hommes sous la conduite des principaux capitaines à la garde de ces brèches — l'un d'eux était du Breil; — et la lutte fut si vive et si héroïque que de cinquante soldats qui, le matin, gardaient la brèche de l'amiral, il n'y en avait plus que douze l'après-dînée.

Malheureusement la place, avec sa garnison si réduite, ne put résister à un dernier assaut. L'artillerie espagnole continuait à foudroyer la malheureuse ville, à laquelle il ne restait plus que quatre cents soldats; plus de soixante pièces de grosse artillerie tiraient à la

---

(1) Ainsi que Goulaines, enseigne de M. de la Roche du Maine. « Il fut du nombre de ceux qui y font morts avec gloire & loz immortel, les âmes defquels le feigneur Dieu aura reçu en fa béatitude éternelle. » (*Mémoires de Rabutin*, t. XXXII, coll. Poujoulat.)

François de Goulaines, fils de Christophe II, et de Claire de Montejean, époux de Gabrielle de Rochechouart, mort sans enfants, et frère de Louise de Goulaines, femme de Guy, seigneur d'Espinay.

fois, et la fumée était telle, dit un témoin oculaire, que les combattants ne se voyaient pas les uns les autres. Les ennemis pénétrèrent enfin par une tour écroulée, malgré les prodiges de valeur des Français. Un curieux manuscrit espagnol, conservé à la bibliothèque de l'Escurial, publié en 1873 par M. Ch. Gomart, et qui est le récit de la bataille de Saint-Quentin fait par un officier espagnol, donne d'intéressants détails sur la prise de cette malheureuse ville [1]. Le pillage, dit-il, dura deux jours, et chaque soldat eut pour sa part de 1,000 à 2,000 ducats. Quelques-uns en eurent plus de 12,000. On tua tous les habitants qui ne purent payer rançon. Le roi d'Espagne ordonna de faire entrer les femmes dans les églises, mais les soldats, pour leur faire avouer où étaient leurs richesses, les frappaient de coups de couteau au visage et leur coupaient les bras. Le feu fut mis aux quatre coins de la ville par les soldats allemands, malgré les ordres du roi d'Espagne ; un tiers de la cité fut brûlé ; le 29 seulement, le feu éteint, on vit l'horreur des rues pleines de cadavres nus, qu'on fit mettre en tas au milieu pour que les chevaux et les bestiaux ne les piétinassent pas.

Du Breil avait été pris sur la brèche avec Jarnac, Rambouillet et Saint-Roman, son compagnon de Thérouanne [2].

---

(1) Note ij U. 3.

(2) *Mémoires de Rabutin*, liv. ix. — LA POPELINIÈRE, *Histoire de France depuis 1550*. In-fo., 1581, t. Ier, liv. iv, fol. 109.

L'imprimé porte « le capne Brueil *et* Bretagne, » et c'est évidemment une faute

Voilà donc notre pauvre capitaine captif une troisième fois. Il fut amené avec ses compagnons à Génap, à dix ou douze lieues de Mariembourg, avec sa femme et deux de ses « damoifelles. »

Jeanne de Tréal est assurément une intéressante et sympathique figure. Nous l'avons vue déjà à Maubert-fontaine, nous savons avec quelle capacité elle s'occupait des affaires et des comptes de son mari, comme elle ne redoutait point les dangers des voyages dans ces pays sillonnés de troupes ennemies. Ici elle montre un véritable héroïsme en venant s'enfermer dans une ville assiégée, et en affrontant les horreurs que nous venons de décrire, avec ses deux petites Bretonnes dont il faut honorer le courage [1]. Nous trouvons dans les *Mémoires* de Mergey, captif avec eux, le curieux récit de ce que tenta son ingénieuse activité pour délivrer les prisonniers.

Génap était un château fort tout environné d'eau et par conséquent facile à garder. Le comte de la Roche-foucauld, du Breil, Mergey et quelques autres y étaient renfermés. Pendant le séjour qu'ils y firent, et qui dura six mois, ils nouèrent des intelligences avec un soldat maure nommé Ortègue, le tentèrent en lui

---

d'impression ; car on ne trouve point à cette époque de capitaine appelé Bretagne. D'autre part, nous voyons la Popelinière, quand il dit que du Breil fut nommé gouverneur de Mariembourg, l'appeler le cap^ne *Brueil de Bretagne*, nom sous lequel tous les historiens du temps désignent notre Breton, pour le distinguer des autres du Breil étrangers au pays.

(1) Voyez pièces justificatives, n° 5 : Artuse de Bourbans.

promettant de l'argent, et il s'engagea à faciliter leur fuite.

M^me du Breil demanda à s'en retourner en France et obtint un passeport du duc de Savoye. Au moment de partir, et prenant congé du sergent Alcala qui les gardait, elle le supplia de lui donner un de ses soldats pour la reconduire jusqu'à Mariembourg : Ortègue, qui était prévenu, se trouva là comme par hasard. Alcala, n'en voyant point d'autres, le désigna pour guide à la voyageuse. Il feignit d'abord une grande répugnance, mais enfin il accepta et la conduisit à Mariembourg. Le sieur de Losse, gouverneur de cette ville, promit des soldats pour assurer l'entreprise. Le château de Génap étant environné d'eau, on ne faisait point de garde la nuit, et chose assez imprudente, un petit pont de planches restait toujours abaissé. Ortègue connaissait le moyen d'en ouvrir la porte du dehors. Le jour fixé, le comte de la Rochefoucauld donna à souper à ses compagnons de captivité. Ils se mirent ensuite à jouer, pendant que Mergey remplissait d'eau et de sel le secret des arquebuses des soldats qui gardaient la porte des prisonniers, afin de les mettre hors d'état de servir. Pour plus de sûreté, ils s'étaient tous armés de bons couteaux pour « dépêcher les sentinelles, » puis devaient courir chercher leurs chevaux et leurs guides. Ne croirait-on pas lire un chapitre de roman et le récit d'une évasion tirée des *Trois Mousquetaires ?*

Malheureusement Ortégue prit peur au dernier moment et manqua de parole. La dame du Breil, inquiète du succès de l'entreprise, écrivit au sieur de Losse pour le supplier de ne pas la mettre en oubli. Son messager fut pris par les soldats espagnols de la garnison de Chimay. Le gouverneur de cette ville envoya immédiatement porter la lettre de M^{me} du Breil au sergent Alcala à Génap, pour le mettre en garde contre une seconde tentative. Celui-ci ne voulut pas punir Ortégue devant ses camarades, de peur qu'ils ne se révoltassent; il le renvoya au gouverneur de Chimay en le priant de se charger de la besogne. Ortégue se mit en route, mais se défiant de quelque chose, lut en route la lettre qui le dénonçait. Puis l'ayant habilement refermée, il eut la simplicité de la porter cependant à son adresse. Le gouverneur de Chimay allait se mettre à table avec ses capitaines. Il leur lut la lettre, et tous voulurent voir ce pauvre soldat qui apportait lui-même sa sentence de mort. Le gouverneur le fit asseoir à table, en lui disant qu'après dîner il lui ferait sa réponse pour Alcala. Ortégue ayant bien dîné, et probablement aussi bien réfléchi, « ne voulut pas attendre le fruit » et se leva de table en disant au gouverneur qu'il allait soigner son cheval, et qu'il le suppliait de tenir sa dépêche prête pour son retour afin qu'il pût le jour même retourner à Génap. Mais sitôt à l'écurie, et en présence de son cheval, il l'enfourcha lestement, piqua des deux et se sauva sans dire gare, jusque chez le frère du comte de la Rochefoucauld, avec lequel il demeura jusqu'au siège de Thionville où il fut tué.

Les espérances de délivrance furent donc anéanties. Cependant, dès le 1ᵉʳ septembre 1557, trois jours après la prise de Saint-Quentin, du Breil avait écrit à son frère le capitaine la Roche pour lui annoncer sa troisième captivité, son départ pour Génap, et le prier de recouvrer de l'argent pour sa rançon, de vendre même ses taillis et d'en donner le fonds à féage. Hélas ! ces pauvres taillis devaient à peine avoir eu le temps de repousser depuis les dernières captivités de leur propriétaire [1] ! Aussi le capitaine la Roche ne put recueillir grand'chose, ou bien la rançon était-elle très considérable, car la captivité dura longtemps. Deux ans étaient écoulés ; le 31 juillet 1559, l'évêque de Limoges [2] rendant compte au roi de l'audience qu'il a eue de Sa Majesté Catholique, s'exprime en ces termes :

« En la fin de mon audiance, je voulus lui parler de nos prifonniers, & mefmes du cappitaine Breuil gouverneur de Sᵗ Quentin ; il remit à cela quand on aurait refponce du duc d'Alve fur fon mémoire afin que l'on fceuft par ou en paffer de part & d'aultre [3]. »

<hr>

(1) Du Paz seul cite cette lettre qu'il a certainement eue entre les mains. Elle ne fait pas partie des documents que nous avons retrouvés.

(2) Sébastien de l'Aubépine, évêque de Vannes en 1557 et de Limoges en 1558.

(3) Du Villars (*Mémoires*, t. III, p. 176) parle du maiftre de camp le Breul laissé par le maréchal de Termes pour attaquer Bergues. Ce ne peut être le

Le 4 août suivant, nouvelles instances de l'évêque :
« Hier matin j'eus audiance de S. M..... Je me plai-
gnis auſſi, ſire, fort à luy de ce que le capitaine Bruel
gouverneur de Sᵗ Quentin eſtoit encore ſi eſtroitement
detenu par deça, ſans que j'en peuſſe avoir raiſon, le
menaſſant ſes maitres dè l'enmener en Heſpaigne. »
Au reste, ajoute l'ambassadeur, « M. de Rambouillet
qui eſt encore icy prit congé de luy après avoir eſté
condemné (quelque certification qu'euſt envoïé le feu
roy [1]), à 3,000 eſcus. » Toutes ces négociations, et
aussi l'exemple de M. de Rambouillet, prouvent le cas
que l'on faisait à la Cour, du capitaine breton dont le
roi s'occupait avec tant d'intérêt.

Il paraît cependant que ces démarches n'aboutis-
saient pas, car dans des instructions postérieures adressées au sieur de la Forest, secrétaire de la Chambre du
roy, que Sa Majesté envoyait résider pour son service
près Mᵐᵉ la duchesse de Parme, régente des Pays-Bas,
on lit ce qui suit : « Le capⁿᵉ Brueil gouverneur de
Sᵗ Quentin eſt demeuré par delà ſeul notable priſonnier;
ſon procès eſt faiꞔt & inſtruiꞔt, ſur la remontrance qui
a eſté faiꞔte, qu'il n'eſt tenu à ſeconde rançon, ſuyvant
l'accord ſigné deſdits deux roys, dont auſſi eſt baillé
un double au ſieur de la Foreſt qui y tiendra la main

nôtre puisqu'il était encore en prison. Son troisième frère, qui était aussi maiſtre
de camp, portait le nom de capitaine la Touche. C'est évidemment le Breul
de Bourgogne, qui servait dans la même armée.

(1) Henri II, mort le 10 juillet 1559.

& faura ce qui y a efté fait depuis le partement dudict evefque de Limoges [1]. »

Combien cette longue captivité de deux ans dut être lourde pour le malheureux prisonnier. Tant de grands événements se passaient auxquels il ne pouvait prendre part : le duc de Guise avait repris Calais, que les Anglais possédaient depuis deux cents ans ; la paix s'était faite (1559) ; et Henri II était mort. Au milieu de tous ces grands changements, le capitaine n'avait cependant point été oublié, comme on voit. L'active Jehanne de Tréal avait dû multiplier ses démarches. Le capitaine la Roche n'avait pu trouver d'argent, paraît-il ?

En effet, aux Archives nationales (K. 1492. B. 10. 1559. 23 et 24), dans des documents espagnols qui contiennent des listes des prisonniers français et le compte de leurs rançons, nous voyons plusieurs fois cité un Franchoys de Breu, François de Bré, François de Bréo, qui m'a bien l'air, sous cette forme dénaturée par l'orthographe espagnole, d'être notre François du Breil. D'autant qu'on ne trouve pas un autre nom qui se rapproche de celui-là. Il est prisonnier de Fran[co] Moyano, de la comp[a] de Fernan Tello, dit une liste ; il a été taxé à 470 scudos, dit une seconde ; on a payé à son maître 150 sc. On croit qu'il est mort à Vervliet. Dans un autre document on lit : « Nous

<hr>

(1) Négociations et pièces diverses relatives au règne de François II, publiées par Louis Paris. Paris, 1841.

favons certainement qu'il eſt mort à Bervliet. » Et plus
loin, « dans une relation que possède Jean de la
Torre, » il est dit qu'il est mort. Dans une autre on
croit qu'il fut transporté au château de Gand. Le fait
est que les Espagnols eux-mêmes n'en savaient trop
rien; et si c'est du capitaine Breil dont il est question, cette rançon sur laquelle on donne des acomptes
de 150 scudi n'a pas l'air de venir vite. Heureusement Jeanne de Tréal, qui ne paraît pas femme à
abandonner la partie, négocia, avec l'aide de son frère
et de son beau-frère, un emprunt considérable pour
reconquérir le pauvre prisonnier. Tout à la fin de
1559, et le 6 octobre, « nobles & puiſſants Noël de
Tréal Sᵍʳ de Beaubois & l'Adventure, & Fꞔᵒⁱˢ du Breil
Sᵍʳ de la Roche, capitaine de Choſey » vendirent au
duc d'Estampes le nombre de 833 ♯ de rente, moyennant la somme de 10,000 ♯ que ledit duc s'engagea
de faire tenir au capitaine Breuil « eſtant priſonnier
de guerre au pays de Flandre » (ce qui indique bien
en effet le château de Gand [1]).

Du Breil sortit alors de prison, car, suivant les con-
ventions expresses, la somme fut payée par le duc
d'Estampes dans les trois mois ; mais le 15 juin suivant (1560), il dut, hélas! pour s'acquitter, vendre la
terre de la Marre-Jouan, située paroisse de Hénon,
avec toutes ses appartenances et dépendances, y com-

(1) Archives de Saint-Brieuc, E. 660.

pris de belles prairies « de plus de 70 journées d'homme à faulcher, » à Guillaume de Lescouët, seigneur de Soulville et de la Moguelais, près Lamballe. Huit jours après, Jeanne de Tréal, avec laquelle il était alors aux Hommeaux, ratifiait ledit contrat [1].

Le prisonnier enfin délivré s'était hâté d'accourir en Bretagne, jouir d'un repos qu'il avait bien mérité. A peine arrivé, et dès le commencement de 1560, il s'occupe, en vrai gentilhomme campagnard, d'arrondir sa terre du Breil. Le 4 février 1560 il achète un morceau de pré d'avec Dom Jean le Tellier, prêtre, demeurant au village de la Claverie [2]; trois jours après il acquiert d'une bonne femme du pays la seconde moitié de ce pré; enfin dans cette année je ne vois pas moins de cinq ou six contrats d'acquêts en son nom [3], sans compter tous ceux qu'il fit les années suivantes et jusqu'à la fin de sa vie. Tout cela n'indique pas un homme ruiné par une lourde rançon. Il lui était probablement resté quelque argent sur la vente de la Marre, car il serait étonnant qu'il eût reçu grand'chose du roi, dont les finances étaient assez délabrées. Mais en revanche, quelle bonne figure de propriétaire rural que ce batailleur à peine délivré des labeurs de la guerre, à peine sorti de ces grands drames retentissants où il vivait en compagnie si illustre, se retrouvant en paix au

(1) Archives de Saint-Brieuc, E. 660. — Voyez pièces justificatives, n° 6.
(2) Village et ferme près du Breil. (Archives de Clays.)
(3) Archives de Clays, actes de 1560 et années suivantes.

milieu de ses champs du Breil, constatant les progrès des vignes qu'il ordonnait de planter du fond de sa captivité en Flandre, et faisant de la diplomatie pour acheter des paysans voisins tel et tel morceau de terre qu'il muguettait depuis longtemps peut-être. Que voilà bien pris sur le vif ce tenace amour du sol, dernière passion de l'homme fatigué du tapage et du fracas de la vie publique, retrouvant avec joie le petit village de Meillac et le manoir paternel.

Il utilisa ces quelques années de paix d'une autre manière en s'empressant de fournir les « actes quittances & déclarations néceſſaires au ſoutien des ſommes par lui demandées dans le compte général qu'il rendait au roy pour ſa deſpence, touchant ſes charges de capitaine & gouverneur d'Abbeville. »

Puis s'étant mis en règle, il présente peu après une requête plus générale à MM. de la Chambre des comptes pour le paiement de ce qui lui était dû par rapport à ses charges de capitaine, de gouverneur, et pour l'exécution des ordres dont le roy l'avait honoré. Enfin en novembre de la même année 1561, toutes ses preuves étant faites, il fournit un état devant la Chambre des comptes à fin de paiement de la somme de 60,000 ₶ suivant « ſon renvoy de Sa Majeſté [1]. » Il y avait de quoi refaire un peu ses finances, et acheter beaucoup de petits champs au Breil. Nous ne con-

---

[1] Il avait déjà reçu le 23 juillet un brevet du roi pour se faire payer par Vidal, trésorier de Rouen, de ce qui lui était dû.

naissons malheureusement que l'intitulé de ces divers actes (Inventaire de 1716).

Un seul détail nous est parvenu : c'est une quittance de 1561, de Paul Pourret, boulanger, de « 3,000ᵗᵗ à François du Breil, gouverneur d'Abbeville et capitaine de cent chevaux légers. » Est-ce une fourniture de pain pour la garnison, ou un emprunt? nous ne savons. Au reste, dans tous ces comptes si promptement réglés, il me semble toujours reconnaître la main vigilante de Jehanne de Tréal, car le bon seigneur était fort mauvais écrivain.

Continuant de rendre ses comptes le 5 juin 1562, il faisait faire « copye par devant notaire des actes & avances faictes par luy comme commandant 100 chevaux légers, 150 h. de pié pour l'île de Sergey. » L'archiviste de la Bourbansais qui nous donne le sommaire de ces actes ajoute « que le roy voulait réunir à la couronne. » Il est regrettable que nous n'ayons pas le compte lui-même, car l'orthographe de l'archiviste ne nous indique pas bien s'il s'agit de Serk ou de Jersey. Il est positif que l'occupation de Serk ne devait pas se borner à ce seul îlot, et visait la conquête des grandes îles, sur lesquelles on se rappelle que du Breil tenta une descente.

Il était bien difficile que du Breil obtînt le remboursement de ses avances, au milieu des événements qui se succédaient chaque année. C'était la mort de François II, le règne de Charles IX commencé sous la tutelle de sa mère, et enfin, à peine la guerre étrangère terminée, le commencement des guerres civiles entre catholiques et huguenots.

Nous n'avons à parler de ces événements qu'autant qu'ils se rapportent à notre sujet, et pour nous permettre de suivre la vie du capitaine.

Il faut remarquer que ses gouvernements de Mariembourg et de Saint-Quentin n'étaient que temporaires et cessaient avec l'état de siége. Il avait cependant conservé la capitainerie d'Abbeville et est encore désigné sous ce titre jusqu'en 1565. Mais à l'époque où nous sommes parvenus, il ne s'occupa plus que de défendre Granville, dont il était gouverneur depuis longtemps [1]. Les nombreux documents des archives de Monaco nous permettent de juger l'importance de son rôle en Normandie à cette époque, et cette défense de Granville est un des beaux moments de sa vie militaire ; elle fut au reste couronnée de succès, puisque pendant cette douloureuse période, seuls entre toutes les places de Normandie, le Mont Saint-Michel, Cherbourg et Granville ne tombèrent point aux mains des ennemis. Les historiens normands, qui font bien remarquer le fait, n'en rapportent pas assez l'honneur au gouverneur, qui, étant Breton, et portant le même nom que tant d'autres, leur est resté à peu près inconnu. D'ailleurs, parent et ami de Matignon, ayant sur les gentilshommes de la haute Bretagne l'influence

---

[1] Voir la lettre de Jehanne de Tréal citée plus haut, et datée de 1552.

que lui donnait l'illustration de ses services, il était naturellement désigné pour rester dans cette province si voisine de son pays, surtout pendant une guerre où la noblesse était partagée en deux camps et où l'autorité personnelle d'un homme considérable devait être d'un grand poids.

Comme le font remarquer avec raison plusieurs historiens, on a prétendu à tort que le massacre de Vassy (28 février 1562) fut la cause de la guerre civile qui commença sitôt après. L'étude des documents locaux prouve qu'il n'en est rien. Dès le 3 mars en effet, trois jours seulement après ce fait déplorable qu'on ne pouvait connaître encore en Normandie, Matignon avait enjoint au capitaine de Granville de lever et enrégimenter sa compagnie de deux cents hommes d'armes [1] et de la mettre en mesure pour les combats que l'on prévoyait.

(1) Inventaire de 1716 : Lettre de Matignon.

Une compagnie d'ordonnance, dit Mgr le duc d'Aumale, n'avait plus la même importance qu'au temps de Charles VII, lorsqu'à la création de l'ordonnance on ne comptait que quinze capitaines. Depuis, leur nombre s'était singulièrement accru : à l'époque qui nous occupe, chaque compagnie comprenait de vingt-cinq à cent lances, c'est-à-dire soixante-quinze à cent combattants : une lance se composant d'un homme d'armes et de deux archers. Sans compter les pages, couteliers, valets et autres non-combattants. Cependant le patronage que donnaient ces charges de capitaine, le profit même qu'on en pouvait retirer les faisait réserver à des princes et personnages haut placés. (*Histoire des princes de Condé*, t. Ier, p. 36.)

Au commencement des guerres de religion, dit encore le même historien, le capitaine d'infanterie et de cavalerie était un véritable chef de corps presque indépendant, n'ayant au-dessus de lui que des chefs temporaires, recrutant sa troupe lui-même et l'administrant à sa fantaisie. C'est ce qui explique tous ces engagements isolés et aussi les désordres de tout genre qu'on rencontre à chaque pas dans l'histoire des guerres de province. (*Ibid.*, p. 135.)

M. G. le Hardy, dans sa très intéressante histoire du protestantisme en Normandie [1], donne le détail des pillages d'abbayes, d'églises et de couvents qui se succédèrent dans cette malheureuse province, avant que l'événement de Vassy ait pu y être connu. La guerre était donc dans l'air depuis longtemps : les esprits étaient excités. De plus, à l'époque où nous sommes parvenus, Condé et les Châtillon, très mal en cour, étaient acculés dans une impasse dont ils ne pouvaient sortir que par la guerre. Aussi la prise d'Orléans par d'Andelot à la fin du même mois de mars ne fut que le résultat des plans concertés d'avance, et, suivant son exemple, une foule de gentilshommes de la nouvelle religion s'emparèrent de plusieurs villes sur tous les points du royaume.

La Normandie était une des provinces où les huguenots étaient les plus forts et les mieux organisés. Nous parlerons tout à l'heure de leurs chefs. Mais dès la mort de François II (5 décembre 1560), ils avaient présenté au Parlement de Rouen des requêtes menaçantes, au nom, disaient-ils, de 500,000 hommes épars dans le royaume [2]. Des prêches étaient ouverts publiquement dans la capitale de la Normandie. Catherine de Médicis envoya le duc de Bouillon, gouverneur de la province, pour calmer les esprits. Mais ce prince était beaucoup plus protestant que catho-

_______

(1) Caen, Gost-Clerisse, 1869. Un vol. in-8.
(2) M. LE HARDY, p. 55.

lique, il laissait les révoltés s'avancer jusqu'à un certain point, quitte à les arrêter quand il craignait de les voir aller trop loin; ce type ne s'est pas perdu de nos jours, et nous voyons bien des hommes d'État de ce genre.

Puis il engageait les catholiques à lui apporter leurs trésors religieux, reliquaires, ornements, châsses d'or et d'argent, afin de les sauver du pillage, et une fois qu'il les avait mis en sûreté chez lui, il ne les rendait plus. De sorte que la Normandie se vit partagée en trois sortes de gouvernements ; celui des catholiques, qui avait pour chefs les ducs d'Aumale, d'Estampes et Matignon; celui des protestants, où commandaient l'amiral de Coligny, Montgommery, les seigneurs de Coulombières-Bricqueville[1], d'Aigneaux, de Brecey-Vassy; et enfin celui du duc de Bouillon[2].

Un des chefs les plus ardents du protestantisme était le fameux Gabriel de Montgommery, seigneur de Lorges, celui qui dans un tournoi avait blessé Henri II et fut cause de sa mort. Que la haine de Catherine de Médicis l'ait poursuivi, et qu'il ait été forcé de voyager longtemps en Italie et en Angleterre, pour éviter une disgrâce, il n'y a pas lieu de s'en étonner par trop. Malheureusement cette disgrâce et

(1) Colombières est situé dans l'arrondissement de Bayeux.
(2) MALLEVILLE, t. VI, p. 132. Cité par M. le Hardy.

son ambition le jetèrent dans une révolte qui dura toute sa vie. De retour en France il s'était retiré dans ses terres de Normandie, où était situé le comté de Montgommery, et habitait son château de Ducey, près Avranches[1], où il était né et qui devint son quartier général pendant la guerre qui allait commencer.

L'inventaire des archives de la Bourbansais nous apprend que le 8 mars 1562, huit jours après le massacre de Vassy, du Breil recevait une lettre de ce seigneur qui était aussi son parent. Il est bien malheureux que le texte en soit perdu et que nous ne puissions juger quels rapports pouvaient s'établir entre lui et le chef catholique qui, en ce moment même, levait des troupes pour le combattre. Comme dans toutes les guerres civiles et les luttes ardentes d'opinions politiques ou religieuses, les familles se divisaient parfois de la manière la plus violente, ou se réunissaient de la manière la plus inattendue[2].

(1) Ducey est actuellement une petite ville de 1,800 habitants. Le château de Montgommery a été reconstruit avec une grande magnificence par un des descendants de Montgommery en 1624. Il n'en reste plus qu'un pavillon considérable et un magnifique escalier. A l'intérieur on admire encore des plafonds et boiseries peintes, et quelques cheminées monumentales. Enfin, sur le trumeau de l'une d'elles, un panneau peint à fresque représentant Montgommery sous la figure du dieu Mars, brûlant Avranches, avec cette fière devise : *Marte non fortuná*. Le pavé de quelques-unes des salles est formé de carreaux de terre cuite autrefois coloriés aux armes des Montgommery : *écartelé au 1er de 3 fleurs de lis, au 2e de 3 coquilles, au 3e d'hermines plein, et au 4e palé de six pièces.* Les couleurs ont disparu. La terre de Ducey appartient actuellement en indivis à Mme de Palys et à ses frères et sœur comme héritiers de Mme la comtesse de Boishue, née de Semallé.

(2) Ainsi nous voyons le 24 juillet 1582 Gabrielle de la Luzerne, veuve de François de Bricqueville, baron de Coulombières, l'un des plus célèbres chefs

La première lettre de du Breil à Matignon (22 mai 1561) montre que dès cette époque il commençait à prendre d'une manière effective le gouvernement de Granville, et que les préparatifs de cette guerre que chacun sentait devoir éclater un jour ou l'autre allaient se poursuivre activement. Il écrit de son château des Hommeaulx, comme un homme qui va partir pour se rendre à son poste. Il assure le lieutenant général de sa bonne volonté [1] et s'occupe déjà de prendre dans sa famille ou ses voisins, et de réunir autour de lui des capitaines éprouvés. C'est son frère, le capitaine la Touche, M. de Sassey [2], et plus tard (9 mai 1562, lettre III^e), ce seront ses beaux-frères de l'Adventure « à qui avez pouvoir à tous de commander, » et dont il parle plus tard en disant « que néftés oncques gentilhomme plus votre ferviteur que ceftuy là & voftre pauvre parent. » Dès le lendemain de cette première lettre (23 mai 1561, lettre II^e) le

huguenots de Normandie et le fidèle compagnon de Montgommery, épouser en troisièmes noces Louis d'Espinay, seigneur de la Marche, qui avait brillamment combattu dans les rangs opposés comme tous les membres de son illustre race, et était frère de l'évêque de Dol. Gabriel de Bricqueville, seigneur de la Luzerne, fils du baron de Coulombières et de cette Gabrielle de la Luzerne, épousa à son tour Gilette d'Espinay, nièce du troisième mari de sa mère.

(1) Pièces justificatives, n° 7. Lettre 1^re.

(2) Sacey, arrondissement d'Avranches, canton de Pontorson. En 1559 Gilles de Couvran était seigneur de Sacey.

« Quittance fur papier que baille le capp^ne Breil à Gilles de Couvran, feigneur de Sacey, de la fomme de 500^# tournois qu'il avait précédemment payée au feu fieur de la Roche en la ville de Parys, de laquelle fomme led. fieur capp^ne Breil a paraillement quiété ledict fieur de la Roche. (Archives de Clays.)

capitaine la Touche, envoyé par lui à Granville, écrit à Matignon « qu'il a trouvé le lieutenant de fon frère à son pofte, la muraille bien garnie d'hommes faifant bien le devoir de gens de guerre. » On travaille déjà à mettre l'artillerie en état, et il termine : « Je vous donneray occafion de vous comptenter de moy. »

A partir de mai 1562, les lettres de du Breil à Matignon se succèdent à des intervalles très rapprochés, vives, pressantes, demandant des secours, des hommes et surtout de l'argent, qui n'arrivait jamais, grondant, grommelant, nous n'oserions pas dire grognant contre son chef avec la liberté d'un vieux compagnon d'armes et d'un ami. Et pendant plus d'une année nous pouvons reconstituer la vie du gouverneur de Granville par ses lettres et retrouver les événements principaux de la guerre auxquels il fait allusion.

Du Breil et son secrétaire maniaient mieux l'épée que la plume. Les phrases sont incorrectes, l'orthographe, même pour l'époque, est très hasardée. Quand le capitaine a quelque chose en tête, il y revient, sans transition, à deux et trois reprises; et il faut souvent deviner ce qu'il veut dire. Mais ces documents journaliers montrent sous un beau jour sa vigilance infatigable pour la défense de sa place; et son inflexible fermeté catholique lorsqu'il refuse carrément au duc de Bouillon de laisser prêcher les ministres protestants dans la ville qu'il était chargé de défendre.

Écoutons-le d'abord au sujet de cette paye toujours

si lente à venir, et pour laquelle il devait souvent y
aller de sa poche : « J'ay des hommes en cefte ville
quil fault nourrir comme à l'hoftellerie (27 mai 1562,
lettre IVe) & quant a monition (munition) il y a
neuf pipes de citre & huiſt vingtz boiffeaulx de bled
qui ferait pour la nourriture de cefte ville pour trois
jours. Il ny a ny lard ny bœuf. » (11 juin 1562.) —
Mais comme il ne voit rien venir, et qu'une attaque
paraît imminente, il revient à la charge le 20 juillet
(Lettre XIe) : « Monfieur, j'ai receu les leſtres que
m'avez efcriptes & veu le double de ce que le Roy
de Navarre vous a efcript. Je trouve que les chofes
feront bien longues vu le remuement qui fe dreffe en
ce quartier & l'entreprinfe dreffee fur cefte ville dans
quatre jours ou je pourvoiray le mieulx quil fera
poffible; pour en eftre adverty ne vous attendez en
tout ce pays de lever ung feul homme fi vous n'avez
l'argent à la main. » Et pour piquer au jeu son cor-
respondant, il lui raconte comme quoi son frère la
Touche « a reffufé compaignie de M. d'Eftampes »
quoique celui-ci en fasse lever à sa volonté en Bretagne, « parce quils font paiés à jour nommé, qui luy
fera trouver des hommes tant quil vouldra. » Puis il
ajoute mélancoliquement : « Il y avoit feize ou dix
huiſt mil francs à Couftances qui ont été portés à
Camp (Caen). Si vous eufliez fuivy votre première
entreprinfe, vous eufliez efte affeuré réfifter à vos
voifins qui ont délibéré vous fafcher fils peuvent. »

Et il revient en post-scriptum : « Monſieur je vous dys encore une foys que ſi vous avez aſſignation de vos deniers, c'eſt le meilleur que Couſtances, vous y trouverez des hommes aſſez. »

Ces 18,000 francs avaient été portés chez le duc de Bouillon dont on connaît les habitudes. Malheureusement Matignon, qui hésitait à se servir des mêmes moyens que ce prince, avait hésité aussi à s'emparer de l'argent et l'avait laissé échapper.

Mais du Breil se sentait, paraît-il, serré de près, et le 14 août (Lettre XIIe) : « Monſieur, » écrit-il, « je touſjours attendu que m'euſſiez envoyé ce que m'avez dernièrement eſcript pour ſubvenir aux affaires de ceſte place que ſcavez eſtre deſpourvue de toutes choſes, & pour le premier il y fault gens & vivres; combien que j'en amaſſe tant que je puis, mais il n'eſt poſſible de riens faire ſans argent. » Il ajoute qu'il a été lui-même parler au recepveur des décimes d'Avranches et qu'il n'a pu obtenir d'argent qu'en s'obligeant « le corps & les biens; me diſans tous en général à Avranches qu'il n'eſtoit pas poſſible que vous euſſiez puiſſance d'ordonner des deniers. »

Après cette flèche à l'adresse du lieutenant général, il reprend : « Monſieur il me ſemble que pour eſtre bien obey envers telle canaille que celle-là que leur debvez reſcrire une bonne & forte lectre. » Et enfin, en post-scriptum, le pauvre gouverneur ne pouvant se résigner à abandonner la partie, fait une dernière tentative : « Monſieur ſi vous mandiez au recepveur de Couſtances quil euſt a apporter ſes deniers en ceſte ville ce vous feroit une grande force pour avoir de l'argent quand en auriez affaire. » D'autres fois il écrit douloureusement : « Il ny a un feul liard en ceſte place! » (Lettre XVIᵉ); puis il se fâche tout à fait et dit carrément à son chef : « La nobleſſe & le peuple crient fur vous : l'on perd quelquefois plus pour cent efcus que l'on en recouvre pour cent mil. »

Outre les embarras d'argent, il avait encore à lutter contre l'indiscipline de ces troupes rassemblées à la hâte. Aussi vers la fin de cette année (27 novembre 1562, lettre XVᵉ), il se plaint de voir une partie des cent hommes que Matignon lui avait envoyés, « envolés pour Coutances & ailleurs, où ils fcavent que l'on paye. Les arquebufiers à cheval font de jour en jour après moi, vivans par les champs, ce que entendez que ne ce peult faire fans défordre. » Aussi ne manque-t-il pas une occasion de redire avec une pointe de regret en pensant toujours aux 18,000ᵗ que Bouillon a fait habilement diriger sur Caen, que « Montgommery fait commandement à tous ceux de la vicomté d'Avranches d'apporter leurs roolles de receptes & les deniers quand & quand. »

Outre le besoin d'argent, la pénurie des vivres et l'indiscipline des soldats, le gouverneur était encore en butte à des périls d'une autre sorte. Grâce à ces relations de famille existant entre tous les gentils-hommes des deux partis, on était souvent exposé à être trahi (9 mai 1562, lettre III<sup>e</sup>). « Je n'ay mis le lieutenant de Mongueville dehors parce quil m'a tant prié quil euſt eſcript premièrement. Je vous ſupplie, Monſieur, me mander incontinent que jayes a le mettre dehors pour le ſervice du roy, car vous entendrez bien de tous que c'eſt ung mauvais garçon. » Il paraît qu'il y avait des ménagements à prendre avec ce Mongueville, car du Breil y revient une seconde fois à la fin de cette lettre. « Je ne fauldray incontinent vous mander des nouvelles, pour ce vous plaiſe m'eſcripre bien au long & ſurtout *que je mette ceſt homme dehors* & meſcripvez ſil vous plaiſt que c'eſt juſques ad ce que le Roy y ait pourveu. »

Il avait bien raison de s'en défier, car ce Mongueville [1] était un des lieutenants de Montgommery qui le 11 décembre suivant était à Londres avec son chef, où ils avaient été chercher des secours après le siège de Rouen et il « eſcrivait en ce pays a de ſes amys que l'on ne le teint jamays pour homme de bien, ſ'ils ne le voyent bientoſt bien accompaigné » (Lettre XVII<sup>e</sup>). Du Breil n'a pu recouvrer la lettre pour l'envoyer à Matignon; mais sa prudente défiance se trouva encore mieux justifiée l'année suivante (9 mars 1562 (vieux style) = 1563, lettre XIX<sup>e</sup>) où Montgommery

---

[1] Probablement Jean de Magneville, devenu baron de la Haye du Puis en 1588.

était à Avranches, Mongueville à Brehart [1] et envoyaient sommer le Breul de se rendre. « Ils m'envoyèrent lundi fommer par Monfieur le Prince & Monfieur l'Admiral avec plufieurs belles remonftrances. Depuis ladicte fommation tous les gentilfhommes de ce quartier fe font évanouis. » Du Breil était inébranlable, et on n'osa pas l'attaquer.

Un autre personnage qui semble lui avoir donné de l'inquiétude, mais sur lequel nous n'avons pu trouver aucun détail dans les historiens de l'époque, est un nommé Senaut, qui était probablement un prédicant huguenot ou un de leurs émissaires. (9 juin 1562, lettre VIIIe.) « Quant à Senaut je vous puis affurer qui pert fon temps à ce penfer fauver, car il en fera gardé Dieu aydant. Je voudrays qui fe fuft advanfé de me offerir de l'argent, car je vous affure que le feroys mettre en unne vielle tour ou il feroit faché. » Et dans la lettre suivante (11 juin) il ajoute : « Je vous advife que Senaus eft gardé de mieulx en mieulx. » Il paraît qu'il avait jugé nécessaire de le mettre dans la vieille tour. Il est possible que cet homme fût payé par le duc de Bouillon pour mettre le trouble dans la garnison ou la ville. Car sitôt après avoir parlé de Senaut, du Breul ajoute sans transition, comme à l'ordinaire, et dans ce style incorrect qui rend la lecture de ses lettres assez difficile :

(1) Brehal, village près de Granville, arrondissement de Coutances.

« Croyez qui font aprés Monfieur de Bouillon à tout leur pouvoir. » Cela veut dire évidemment que les huguenots sont en faveur prés de lui. On reconnaît au reste le duc de Bouillon, et son rôle peu glorieux dans les insinuations que le brave capitaine catholique n'ose formuler qu'à moitié, mais qu'il est facile de lire entre les lignes suivantes :

Monfieur... Jai veu comment M. de Bouillon fen revient à Cans (Caen). Je fcay bien quil me menace ung peu & que vous eftes bien avant à la taille ad ce quil dict. Quant à moy il ne feroict (saurait) que dire finon que je nay voullu faire prefcher en cefte ville felon qui m'efcripvit de Cans du xx<sup>e</sup> de may dernier, & que jeuffe à faire vivre tous les habitans, felon ledict de janvier [1]. Je luy mandé par Londel en voftre préfence que je n'en ferois rien & que je n'eftois point envoyé à Grandville pour cefte affaire [2]. »

C'est un noble langage, et la rude franchise de du Breil, qui ne ménageait point Matignon quand il le fallait, avait beau jeu à se donner carrière devant le prince à moitié huguenot.

Au reste il n'avait pas de chance dans sa correspondance directe avec le duc de Bouillon. Il se plaint que, à toutes fois qu'il lui écrit, ses messagers sont détroussés aux portes de Caen, ses lettres pillées, et comme il a l'air de trouver que les alentours de la ville sont bien peu gardés et que le duc y met une

_______

(1) L'édict de janvier donnait à peu près toutes libertés aux calvinistes.
(2) Lettre XVI<sup>e</sup>, 9 décembre 1562.

négligence volontaire, il finit par dire à Matignon de lui écrire lui-même et de lui faire ordonner ce qui lui semblera bon et comme il l'entendra; ayant l'air de dire : « Ma foi! j'en ai affez! » (30 juin 1562, lettre X<sup>e</sup>.) Et comme décidément il n'aime pas ce prince à double rôle, il ajoute d'un air assez narquois à Matignon :

« Je feray fort content mais que fcache la vérité que ce que lon dict en ce pays qui eft que vous eftes enfermé à Cherebourg par M. le duc de Bouillon. »

Tous ces menus détails pourront paraître insignifiants peut-être, mais c'est la vie intime, prise sur le fait après trois siècles, de personnages qui ont marqué dans l'histoire, et à ce titre ils doivent être conservés.

Dès les premiers temps de la guerre il se passa de dramatiques événements à Coutances. Les huguenots s'étaient emparés une première fois de cette ville, et l'évêque Artus de Cossé avait pu leur échapper. Le 27 mai 1562, le Breil écrivait à Matignon : « Je viens de recevoir un pacquet de M. de Couftances qui a (su)? par advertiffement que nos ennemys le veullent venir veoir & quand à moy l'on m'en a affeuré. Pource, regardez ce quil eft bon d'y faire, ce nous fera une grande perte pour cefte viconté fi fuyvent Couftances & auffy que ce feroit cy près de vous. » Le même jour il répond à l'évêque en lui promettant de lui envoyer des hommes, s'il a de quoi les nourrir.

Enfin le 10 août, le baron de Coulombières attaqua Coutances et s'empara de cette malheureuse ville. La splendide cathédrale fut pillée, les statues brisées, les reliques et les hosties profanées, comme aux abbayes de Savigny, Montmorel, à Avranches, et partout. Les prêtres furent massacrés : ce fut un carnage horrible. L'évêque fut mis à cheval sur un âne, la tête tournée du côté de la queue de l'animal qu'on lui mit entre les mains, on l'habilla d'un jupon de femme, et après mille outrages il fut jeté en prison. On n'osa le tuer ; probablement à cause de sa grande naissance, et de peur des représailles que pouvait exercer sa famille. Au bout d'un mois il put s'échapper de son cachot, déguisé en meunier, et il vint se réfugier dans Granville, seule place inexpugnable du pays. Il y fut reçu avec le respect dû à son caractère et à ses malheurs. Les huguenots de Saint-Lô eurent l'audace de le venir réclamer, menaçant d'assiéger Granville et de mettre la ville à sac. Ces menaces ne pouvaient inquiéter du Breil, et il se prépara à la défense. On voit par ses lettres avec quelle activité il avait depuis longtemps fait ses préparatifs : les murailles étaient en bon état, l'artillerie avait été augmentée, et les hommes, quoique mal payés, étaient fidèles et résolus à se défendre, aussi bien que les braves bourgeois de la ville. Les calvinistes jugèrent qu'ils allaient s'attaquer à trop forte partie et s'éloignèrent. L'évêque ne voulant pas être pour les habitants une cause de ruine, montra une noblesse de caractère qui donne à sa figure une sympathique auréole, et s'éloigna de la ville. Il s'embarqua pour Saint-Malo et se réfugia à Rennes, où il possédait l'abbaye de Saint-Melaine depuis 1560. Au bout de quelques mois, pénétré de ses obligations d'évêque, il revint à Coutances, où il retrouva sa cathédrale absolument ruinée, et tellement dépouillée de ses antiques trésors, que les chanoines disaient la messe avec des calices d'étain. Il lui fallait du courage pour revenir dans sa ville épiscopale après les dangers qu'il avait courus. Mais il voulait réparer par son zèle les maux qu'avait éprouvés son diocèse. Il visitait les doyennés, tenait des synodes, et ne justifiait en aucune façon le portrait outrageant qu'a fait de lui Dom Morice. L'historien breton, souvent copié par ceux qui l'ont suivi, accuse Artus de Cossé d'avoir spolié et dépouillé ses églises de leurs trésors. Les historiens normands sont plus justes et reconnaissent les vertus de cet évêque dont le pontificat fut si troublé. Après avoir été pillé de tous côtés, il fut encore taxé pour son évêché à 400 écus d'or, car, sous le gouvernement de Catherine de Médicis, on n'y regardait pas de très près quand il fallait faire payer à l'église les frais de la guerre. Il dut laisser vendre à la criée son manoir de Valognes. Il eut encore son château de la Motte pillé en 1573 par les réformés, et finit par se retirer à Loiselière Saint-Pair, château dépendant du Mont Saint-Michel. Au milieu de tant de malheurs, doit-on lui faire un crime d'avoir voulu vendre quelque argenterie ou quelques-unes des richesses restées intactes au

Mont Saint-Michel ? Dans un moment de détresse, il eut l'idée de vendre une crosse donnée à cette abbaye par le cardinal d'Estouteville en 1483 et qui valait 10,000 écus. Le prieur claustral, Jean de Larchant de Grimouville, jura « que le diable emporterait plutôt la croſſe que l'évêque ! » et il lui donna un si furieux soufflet que sa tête alla rebondir contre la muraille : c'est le souvenir de cette tentative excusable chez un pauvre évêque traqué et ruiné de tous côtés, qui s'est conservé chez les Bénédictins et a inspiré la rancune séculaire de Dom Morice.

Pendant toute cette période d'août à novembre 1562, il ne nous reste pas de lettres de le Breul à Matignon. Lorsque après leurs vaines menaces, les huguenots se furent retirés, il alla rejoindre son chef, et nous voyons qu'au mois de septembre il était à Bayeux (Lettre XIII<sup>e</sup>) avec le duc d'Estampes, qui venait d'arriver au secours des catholiques. Dès le mois de juillet, ce prince accompagné de son neveu Sébastien de Luxembourg, vicomte de Martigues, avait pu conférer avec le gouverneur de Granville, comme le prouve une lettre du 29 de ce mois publiée par Dom Morice [1], et au mois d'août du Breil conseillait fortement à Matignon de presser leur arrivée.

« Monſieur je vous adviſe que ſi Monſieur le grand Prieur [2] & vous voullez reſcripre à Monſieur d'Eſtampes, il vous en-

<hr>

[1] *Preuves de l'histoire de Bretagne*, t. III, col. 1313.
[2] Le chevalier de Lorraine, grand Prieur de France.

voyera partye de fes forces & vous en puys aflurer & lui feray tenir voftre pacquet en toute diligence. Il a dix mil hommes tant de pied que de cheval qui luy fervent de fort peu parce que en Bretaigne il n'y a une feulle fédition. »

En effet, quand on lit les détails atroces donnés par les historiens normands, on regarde avec plaisir la Bretagne si voisine et si heureusement exempte de ces horreurs.

En passant, les Bretons reprirent Pontorson, Avranches, et enfin Vire le 4 septembre, qui fut abandonnée au village pendant plusieurs jours. C'est chose épouvantable que le sort de ces pauvres petites villes sans cesse prises et reprises par les deux partis, pendant que les campagnes étaient pillées par les troupes de passage, et que pas un bourg ou village n'échappait à leurs violences. Montgommery, après ce désastre, arriva trop tard pour défendre son château de Ducey dont Martigues s'était emparé et où il avait trouvé tous les trésors des églises pillées. Voyant qu'il n'avait plus rien à faire chez lui, il allait se rendre à son camp de Saint-Lô quand il apprit que les Bretons y arrivaient. Il se replia en hâte sur Bayeux, où il fut suivi comme nous l'avons vu, par d'Estampes et du Breil, et de là, gagna le village d'Ouistreham pour y attendre les vaisseaux promis par les Anglais [1].

Les Anglais étaient donc appelés en France par des

(1) Le Hardy, p. 130 et suivantes.

Français révoltés! Le prince de Condé, chef des protestants, ne put d'abord consentir à cette alliance et recula devant cette trahison; mais lorsqu'on se trouve une fois engagé dans le parti de la révolte, il est bien difficile de s'arrêter, et ce fut un Condé, prince du sang royal, qui signa (20 septembre 1562) la promesse de remettre le Havre aux Anglais, jusqu'à ce qu'ils eussent pu reconquérir Calais, cette plaie toujours saignante au flanc de la France, et qui venait d'être fermée depuis si peu de temps! Catherine de Médicis, pénétrée du danger qu'il y avait à laisser la Normandie au pouvoir des protestants avec tant de facilités de recevoir les secours de l'Angleterre, résolut de faire le siège de Rouen (25 octobre 1562). Le comte de Montgommery se jeta dans la ville pour la défendre. Matignon, le duc d'Estampes, Sébastien de Luxembourg y amenèrent leurs Bretons. Il est regrettable que nous n'ayons pu retrouver aucune monstre des gens d'armes de notre pays qui vinrent renforcer les troupes royales, et qui puisse nous donner leurs noms.

Après la prise de Rouen par l'armée royale, le comte de Montgommery était parvenu à s'échapper en bateau et à gagner le Havre, puis Londres, comme nous l'avons vu plus haut par les lettres de du Breil. Un édit d'amnistie fut signé le 3 novembre, mais le capitaine, comme tous ceux qui ont pris vivement une chose à cœur, n'a pas l'air content des concessions faites à ses ennemis, et il écrit d'un air d'assez mauvaise humeur : « Les huguenots lèvent l'oreille de tous côtés & difent que c'eft à ce coup qu'ils ont gaigné leur caufe. » (27 novembre 1562, lettre XVᵉ.)

Par le fait, malgré l'édit, ou à cause de l'édit, personne n'avait désarmé. Dés le 11 décembre Du Breil redoute une descente des Anglais à Bricqueleau ou Lingreville [1]. Cependant Matignon put maintenir quelque temps la paix en basse Normandie, mais après la bataille de Dreux (19 décembre 1562) l'amiral de Coligny vint faire sa jonction avec les Anglais amenés par Montgommery. Il reconquit presque toute la province et commença le siège de Caen (février 1563).

Après la prise de Caen par l'amiral, du Breil, qui ne voulait pas « quil lui en advienne comme aux aultres » et qui était fier d'avoir seul conservé la ville qui lui était confiée, devient de plus en plus pressant, et écrit à Matignon :

Monfieur, je fuis adverty que le camp des ennemis vient par de ça après avoir prins le chafteau de Cans. Comme fcavez vous mavez laiffé fans hommes ne moyen den avoir, car encores fi peu que j'avois de refte de mes arquebufiers à cheval ils difent tous être enroolés en voftre compaignie & fen vont de çà & là de tous coftés. Il m'eft venu des hommes mais je ne les tiendray une heure fils ne font paiez.

(1) Lingreville, arrondissement de Coutances, près Brehal.

C'est à ce moment en effet, comme nous l'avons vu (Lettre XIXᵉ), que l'amiral somma le gouverneur de se rendre. Le vieux guerrier montra les dents et les troupes ennemies s'éloignèrent. Quelques-uns allèrent (14 mars 1562, (vieux style) 1563 [1], lettre XXᵉ) « donner une efcalade à Pontorfon & furent très bien frottez par quelques gentilfhommes de Bretaigne qui y admènerent 200 paifans. Ung peu devant tous ces jours il est forti vingt chevaulx de Rennes qui a toutes les fois en ont trouvé, tué & admené. Il y en a encores trois de prifonniers, entre aultres un Anglois & aultres du pays. » Cette lettre, datée du 14 mars, fixe aussi d'une manière authentique le jour de la reprise de Vire par Montgommery, qui s'y rendit en quittant Granville. « Je viens d'être adverty quils prindrent hier Vire. » — Cette malheureuse ville tant de fois prise et reprise subit encore une fois les horreurs du pillage.

Enfin le 19 mars 1563 la paix fut signée, et il était temps pour tout le monde. « Les pauvres gentils-hommes, » dit Mgr le duc d'Aumale [2], « souhaitaient ardemment d'être rendus à leurs affaires et à leurs familles quand l'honneur le permettrait. » Je pense que du Breil désirait fort aller revoir ses taillis

---

(1) Les lettres des 7, 9, 12 et 14 mars 1562 appartiennent aux dates correspondantes de l'an 1563, parce qu'alors le millésime de l'année ne changeait qu'à Pâques, qui en 1563 fut le 11 avril.

(2) *Histoire des princes de Condé*, t. Iᵉʳ, p. 182.

et ses vignes de Meillac. « On les voyait dans l'inter-
valle des trêves se rencontrer et causer sans distinc-
tion de parti » : témoin la correspondance de Montgommery, l'ardent huguenot, le révolté sans espoir
qui paya de sa tête son malheur et sa révolte, avec du
Breil, le chef catholique et fidèle. De plus, sitôt revenus dans leurs foyers, ceux qui avaient été chargés
d'un commandement important réclamaient le remboursement des avances qu'ils avaient été forcés de
faire « à leur grand ruyne. (Lettre XXIV<sup>e</sup>.) C'est probablement à une requête de ce genre que Catherine de
Médicis répondit à du Breil le 8 mai 1563 la lettre
suivante :

Capp<sup>ne</sup> Breul, j'ay veu par la lettre que m'avez efcripte du
XVII<sup>e</sup> du paffé le bon ordre que vous avez donné dedans votre
place pendant ces derniers troubles, & mefmes au voyaige que
mon coufin l'admiral feit à Caen, pour conferver lad. place
en l'obéiffance du roy Monfieur mon fils, auquel je l'ay faict
entendre ; & vous puys affeurer qu'il vous en fcayt fort bon gré
& moi pareillement qui fuys bien marrye de ne vous pouvoir
faire bailler une bonne partie de ce qui vous eft deu de votre
penfion. Mais nos defpences ont efté fi grandes & fi infinies &
continuent encore telles tan pour le licenciement quil nous fault
faire d'une partie de nos eftrangiers, que pour les préparatifs néceffaires pour le Hâvre de Grace, quil n'y a moyen du monde
que je vous en puiffe riens faire payer pour le préfent. Mais af-
feurez vous que ce fera fi toft que nous aurons eu quelque peu
de loifir de reprendre alaine, & de nous defcharger defd. def-
penfes ou tout va entièrement. J'ay mandé au S<sup>r</sup> de Matignon qu'il face payer votre garnifon de certains deniers provenus

7

de la contribution des arrière-bans dont il m'a luy mefmes efcript qu'il f'ayderoit pour vos paiemens. Ne trouvant nullement
raifonnable que vous ayez moins d'entretenement que les autres
cappitaines des places comme vos fervices & paffés & préfens
le méritent bien. Il me fouvient de la promeffe qui vous a efté
faicte d'une place de gentilhomme de la Chambre du roy Monfieur mon filz que je n'oublieray pas au premier eftat qui fe
fera. Vous priant, cappitaine Breul que comme vous avez foi-
gneufement faict jufques icy vous continuez à vous donner tel
foing de la garde de la place ou vous eftes quil n'en puiffe advenir aucun inconvenient. Priant Dieu capp^ne Breul qu'il vous ayt
en fa faincte garde. Efcript à St Germain en Laye le vIIIe jour de
may 1563.

CATHERINE.

Et plus bas : BOURDIN.

*Au fieur du Breul gentilhomme de la Chambre du roy Monfieur*
*mon filz & capp^ne de Granville* [1].


Cette lettre, outre qu'elle est très flatteuse pour le
destinataire, est intéressante à plus d'un titre. Il est
curieux de remarquer l'euphémisme avec lequel le secrétaire de la reine lui fait désigner le voyage que son
cousin l'admiral fit à Caen, voyage qui n'était pour
autre fin que pour s'emparer de cette ville; et aussi
le ton presque de câlinerie avec lequel on la fait s'ex-
cuser de n'avoir point d'argent, et promettre à la place
une charge de gentilhomme de la Chambre. C'était
en effet le moment de récompenser les fidèles. Cette
charge fut accordée aussitôt que promise, car la sus-

---

(1) Original aux archives de la Bourbansais.

cription de la lettre porte ce titre. Dès le lendemain [1] le cardinal de Guise écrivait au nouveau courtisan pour le féliciter. Cette lettre « signée Loys cardinal de Lorraine » est malheureusement perdue. Au reste, nous savons par les archives de Monaco, que les protecteurs de du Breil demandaient cette faveur pour lui depuis quelque temps déjà. « Pour ce que vous m'avez efcript de la place de gentilhomme de la Chambre pour monfieur du Breuil, » écrit le cardinal de Guise, « je ne fauldray point d'en parler à la royne & de faire tout ce quil me fera poffible [2]. »

Au reste la Cour avait bien autre chose à faire qu'à régler des comptes. La régente, comme elle le dit dans sa lettre, allait profiter des premiers apaisements pour essayer de reprendre le Havre aux Anglais. Les huguenots, dans le cœur desquels s'était réveillé l'amour du pays et le regret de leur trahison, accoururent en foule dans l'armée royale. Condé lui-même se souvint de sa véritable gloire, et vint se ranger sous les ordres du vieux connétable. Celui-ci voyant cet élan, écrivait ces paroles qui, à trois siècles de distance, font encore battre le cœur : « D'ici à Bayonne, tout le monde crie : Vive France! [3] »

Huit jours seulement avant ce siège qui réussit

<hr>

(1) Inventaire de la Bourbansais, 1716.

(2) Lettres adressées à Jacques II de Matignon; post-scriptum d'une lettre du cardinal de Guise du 12 mars 1562 — (vieux style), c'est-à-dire 1563. (Fonds de Matignon. Série J. Vol. I.)

(3) Mgr le duc d'Aumale, t. Ier, p. 245.

pleinement, le connétable écrivit à du Breil qui réclamait des renforts, la lettre dont voici le texte :


Cappitaine Brueil, j'ay receu la lettre que m'avez efcripte &
vous advife quant à ce que m'avez mandé que je fuys après
pour vous faire donner quelque creue davantaige pour la garde
de votre place en laquelle je vous prie donner ordre ufant du
bon & louable debvoir que vous avez acouftumé, & vous affeurer au demeurant qu'en tout ce que vous touchera & ou je
pourray pour votre bien & advancement que je m'emploieray
f'offrant l'occafion, d'auffi bon cueur que je prie Dieu vous donner Capp^{ne} Brueil ce que plus défirez De Gaillon ce xii^e jour
de juillet 1563.

          (*Autographe*) V.^{re} bon amy,

                    MONMORENCY.

Au dos : *Au Capp^{ne} Brueil gouverneur de Granville.*
(*Fragment de cachet aux armes de Montmorency* (1).)


Enfin, pour grouper dans un seul bloc toutes ces
lettres élogieuses qui montrent combien ses services
à Granville avaient été appréciés, nous placerons ici la
lettre suivante qu'il reçut six mois après du duc d'Aumale (2) en réponse à quelque offre de service, ou peut-
être, vu sa date, à quelque compliment de bonne année : il avait dû se rencontrer au siège de Metz avec
ce prince qui y fut pris et blessé, et il avait très probablement partagé sa captivité.


(1) Original aux archives de la Bourbansais.
(2) Claude II de Lorraine duc d'Aumale.

Monfieur du Breil, je ne vous puis affez remercier de la bonne fouvenance que vous avez eue de moy, & des honneftes offres que vous me préfentez tant par voftre lettre que par le gentilhomme préfent porteur qui vous dira combien j'en ay eu de plaifir & d'avoir entendu de vos nouvelles pour m'eftre aultant agréables que de gentilhomme que je cougnoiffe & à qui je defirerais aultant faire de plaifir ainfin que vous le fcaurez mieux cougnoiftre des chofes ou vous me voudrez employer, & pour aultant que ledict porteur vous fcaura bien faire entendre touttes mes nouvelles ayant mis peine de l'en inftruire, je ne vous en feray ceftes lettre plus longue finon pour vous prier bien fort, Monfieur du Breil, de le croire de ce qu'il vous dira de ma part, & vous affeurer que vous n'aurez jamais volonté à prince ne feigneur qui vous veuille & défire plus de bien & d'amytié que moy qui prye Dieu vous donner ce que plus défirez. A Reims le vingt neufiefme jour de janvier 1564.

Et plus bas : Voftre entièrement bien bon amy,

Claude de Lorraine.

Et en la fufcription eft écrit : *A Monfieur du Breil.*

Collationné à l'original par moy Not<sup>re</sup> S<sup>re</sup> du roy en fa Cour du Parlemant de Bretagne.

Bourgonnière.

Tout semblait s'être apaisé, du moins à la surface. Les protestants avaient accepté la paix de 1563, mais il fallait toujours se défier de leurs retours offensifs. Aussi du Breil resta-t-il à Granville ; et toujours prudent et défiant, il s'occupe dès le 16 mai de recouvrer son artillerie qui avait été envoyée à Saint-Lô. « Ils me femblent quils l'ont affez gardée, & la garderont toujours fi vous n'y pourvoyez. » (Lettre XXI<sup>e</sup>.) Il

insiste près de Matignon qui allait partir pour se repo-
ser chez lui. Il lui rend compte des mouvements et
des rassemblements des huguenots qui n'avaient guère
désarmé : et il était bien difficile qu'il en fût autrement dans un pays habité par Montgommery et Coulombières. Cependant il trouvait aussi lui, comme les
autres chefs, le temps d'aller faire de courtes appari-
tions aux Hommeaux, repos qu'il avait bien gagné.
Les communications étaient faciles par mer entre
Granville et les petits ports de la côte de Bretagne voisins de Saint-Broladre. C'est de là qu'il date ses lettres
des 21 et 23 mai 1563. Pendant ces courtes absences,
il était remplacé par M. de Sainte-Marie [1], probablement son lieutenant : car nous avons de ce personnage
(Lettre XXIII<sup>e</sup>) une lettre du 22 mai, entretenant Matignon des réparations que l'on faisait aux affûts des
pièces d'artillerie.

La pacification étant faite, ou soi-disant, Matignon
eut besoin de troupes, paraît-il, et voulut dégarnir
Granville. Il demanda des soldats à du Breil. Celui-ci
ne paraît pas content, et dans sa réponse à son chef
il le prie d'un ton de fort mauvaise humeur « de lui
faire bien entendre ſes ordres, » afin qu'il soit bien dé-
chargé de toute responsabilité « ſi inconvénient y arrive ; auſſy bien y meurent ils de fin (faim). » Au reste
« je ne m'en ſoucie d'un ſolz. »

---

(1) En 1598, Jacques de Sainte-Marie d'Aigneaux était capitaine de Granville et de Chausey. Il y avait des seigneurs de ce nom dans les deux camps.

Son séjour aux Hommeaulx se prolongea jusqu'au 20 juillet. Dès le lendemain de son retour à Granville, voyant que l'artillerie n'était point encore revenue « de cette punaife de Saint-Lô ou fe retirent tous les malfaiteurs, » il recommence à gourmander son chef et s'étonne qu'on ne veuille pas garnir la place de Granville, au moment où la guerre vient d'être déclarée aux Anglais [1] et où ils menacent d'attaquer cette ville. Quelques jours avant ce 20 juillet, « il defcendit des hommes qui la vindrent recognoiftre, & tinrent la garnifon en armes depuis le foir jufqu'au matin bien haulte heure. »

Il assure, d'après le témoignage du duc d'Estampes (Lettre XXV<sup>e</sup>), « quil ni a faulte que les Anglais ne faffent préparatifs pour faire une defcente, » et il ajoute avec humeur : « Si viennent en cefte place ils en auront bon compte eftant garnye comme elle eft, car il ni a ne vivres ne gens. Je crois que j'auré auffy beau à crier à cefte heure comme les aultres fois. Il navoit poinct accouftumé quand la guerre eftoit aux Anglais quil n'y eut toufjours quatre ou cinq cens hommes en cefte ville garnye de vivres. De peur de vous importuner ne vous feray plus long difcours. » Cependant il ne peut se décider à quitter la partie, et il ajoute dans un de ces post-scriptum qui lui étaient familiers : « Hier tout le jour on defcouvrit fix grands navires de guerre

_______________

(1) Elle l'était depuis le 6 juillet.

entre Garſay (Jersey) & ccſtc ville. » (21 juillet 1563.)

Dès le lendemain, lettre encore plus pressante pour obtenir le retour de son artillerie : il invoque l'autorité du duc d'Estampes. Mais il paraît que l'affaire n'allait pas tout droit, et le 23 juillet, les officiers du roi à Coutances lui refusent poliment les charrettes et chevaux qu'il avait réquisitionnés pour cet objet, sous prétexte qu'ils n'avaient pas reçu d'ordres et que l'édit du roi défend de lever de nouveaux impôts sur le peuple (Lettre XXVIIᵉ) ; d'un autre côté, le duc d'Estampes lui envoyait le même jour (23 juillet) de Lamballe, où il était alors, l'ordre de faire revenir à Rennes les pièces d'artillerie qu'en septembre précédent on avait cru pouvoir « envoyer pour la réduction de quelques places de la Baſſe-Normandye en l'obéiſſance du Roy juſques en la ville de Sᵗ Lô [1]. »

Le cas était pressant, et ces lettres contradictoires de chaque jour le prouvent. La guerre étant déclarée avec l'Angleterre, chaque commandant de place voulait se mettre en mesure et recouvrer ses munitions. La reine avait écrit de Louviers au capitaine Breil « de faire bon guet, d'advertir tout à l'entour, & quelle eſt advertye que les Anglois veullent faire une deſcente en ſe pais. » On ne lui promettait que cent hommes de renfort ! (Lettre XXVIIIᵉ.)

Aussi dans ces circonstances si graves, l'artillerie ne

_______________

[1] Voir pièces justificatives, nº 9.

fut point rendue à la Bretagne, relativement paisible, et elle resta en Normandie. Si bien que le 27 mai 1565 Sébastien de Luxembourg la redemandait encore. « Monſieur de Matignon je vous envoye des leĉtres que le roy vous eſcript pour rendre l'artillerie que feu Monſieur mon oncle meyna en Normandye. » Il demande qu'elle soit amenée à Granville, « d'où le cappitaine Brueil la fera conduire par mer à St-Malo. » Il est certain qu'il n'était pas encore temps de désarmer la Normandie. M. le Hardy, après avoir énuméré les désordres causés par les huguenots, surtout à Rouen, ajoute : « Les détails qui manquent sur les autres villes de la province peuvent être suppléés par ce tableau rapide de la situation de la capitale [1]. »

La lettre suivante comble cette lacune pour ce qui regarde le pays habité par Montgommery. Le sieur du Deffend, qui commandait à Avranches, écrit à Matignon le 28 may 1565 :

Monſeigneur, quant à ſe que je vous ey mandé par la Montagne il ny a rien ſi vray. Ils ſonts deſja bien aſſemblez deulx cents chevaux pour le certin à Ducey & ſaſemblent tous les jours avec armes de facon que jey eſté adverty qui len vellent envoyer aulx villages auprès... Tout le bourc & la maiſon de Ducey en eſt plain... Le ſieur de Saint Quentin ariva hier bien avec quarante ou cinquante chevaulx & labé de Saint Jehan [2] arive aujourdhuy avec xxv ou xxx chevaulx... & ai ouy parlé de

(1) *Histoire du Protestantisme*, etc, p. 206.
(2) Louis de Lorges, frère de Montgommery, abbé de Saint-Jean de Falaise et connu sous ce nom.

quelques filletz pour prandre des lous qui font eftez faits en cefte *ville qui ferviroiſt bien à faire des échelles de cordes.* Jai averti Monfieur du Breil & Monfieur du Coudrey à Cherboure & Monffieur Daufey à Pont dorfon en forte que tout ce monde eft très vellé (éveillé).

Malgré tout cependant il y avait une certaine détente dans les esprits; et quoique les protestants continuassent toujours leurs secrètes menées, il n'y avait plus que des désordres locaux, des pillages isolés, qui permettaient aux chefs de prendre quelques moments de répit. A la fin de l'année 1564 les états de Bretagne s'étaient ouverts à Saint-Brieuc. Du Breil reçut du roi une lettre personnelle pour y aller siéger, ce détail nous est donné par du Paz. Là, au milieu de toute la noblesse de Bretagne, il put jouir en paix des honneurs que ses longs et brillants services, ses rapports journaliers avec tous les grands personnages du royaume, lui avaient justement mérités, et tenir ce brillant état de maison dont parle du Paz quand il nous dit (p.776) qu' « il avait gentilfhommes fervants & officiers comme appartenait à grand feigneur célébre & relevé comme de fait il était [1]. »

A cette époque avait lieu le célébre siége de Malte par les Turcs et l'héroïque défense du grand maître

[1] Du Paz avait dû voir dans son entier l'acte du 24 janvier 1563, passé devant Josselin Cheville, sieur du Vaulerault, alloué du Plessis Bertrand, d'où il résulte, dit l'archiviste de la Bourbansais en l'analysant, « quil était de telle qualité quil avait déjà gentilfhommes de fa maifon. » (Inventaire du Breil-Mallerie.)

de la Valette. Nous y trouvons un autre du Breil. D'Aubigné [1] raconte que plusieurs Français étant allés au secours des chevaliers, la Valette avait ajouté à la garnison du fort Saint-Elme une enseigne espagnole sous le Breuil, et qu'il en retira peu après « Efquerre & le Breuil l'un pour fes bleffures, l'autre pour fa vieilleffe. » Les blessures et la vieillesse peuvent s'appliquer également à notre héros ; et il nous plaisait de le voir aller chercher des combats et de la gloire au loin quand il ne trouvait plus à en acquérir en France. Mais les archives de Monaco nous ont fourni, comme on a vu, plusieurs lettres de may 1565, époque où avait lieu le siége ; elles prouvent qu'il n'avait pas abandonné son commandement de Granville.

Il y était encore en 1566, et la dernière lettre des archives de Monaco, en nous montrant l'intimité qui régnait entre Matignon et du Breil, nous donne une date d'autant plus importante pour l'histoire de sa famille, que, par une singulière fatalité, toutes les époques de décès et de mariage nous sont inconnues. Voici la lettre, qui est datée de Granville :

Monfieur je n'euffe falhy de vous aller trouver fans le décèz d'une bonne femme de maire que j'avez & ne feray faulte de ce faire incontinant que jauray fait fon obfèque. On m'a dit que déliberez de paffer en Bretagne. Monfieur je vous fupplye de prendre voftre lougis en une pouvre caffine que jay fur le che-

____

[1] *Histoire universelle,* t. I⁰ʳ, liv. IV, ch. 19.

min & me mandez fil vous plaift par ce pourteur quant quel temps fe pourra eftre.

Cette pauvre cassine était le château des Hommeaulx en Saint-Broladre ; et la bonne femme de mère était Philippée de Mué, qui avait prolongé bien longuement et bien obscurément sa carrière, puisque, selon du Paz, elle s'était mariée dès 1502, et que nulle part et dans aucun acte, il n'est fait mention d'elle [1].

Au commencement de l'année suivante (1567) les hostilités n'étant pas encore reprises, du Breil en profita pour mettre ses affaires en ordre, faire de nouvelles démarches et obtenir enfin le règlement de ses comptes comme gouverneur d'Abbeville. Il les avait présentés dès 1561. Il est malheureux que ce compte mentionné comme existant par original (Inventaire de 1716) ait été perdu. Il eût été curieux de suivre pas à pas les dépenses qu'occasionnait la défense d'une place de cette importance et les détails d'administration du gouverneur. Il lui fut donc délivré des « lettres du roy Charles rendues fur le compte général tenu par François du Breil tant en charge que décharge des fommes par lui receues & de celles lui deues en qualité de capitaine d'hommes & de chevaux-légers & de gouverneur d'Abbeville & autres ce jour luy données de l'ordre du roy. 27 juillet 1567. »

[1] Elle a pu se marier à vingt ans et aurait eu alors quatre-vingt quatre ans.

Mais il y a loin de la coupe aux lèvres, dit un proverbe qui certes n'était pas connu à cette époque, et qui est surtout vrai en fait de règlements de compte et en temps de guerre civile. Deux ans après la réception de ces lettres, qui semblent avoir été un peu lettres mortes, le 6 novembre 1569, il présenta requête au roi pour être payé de 60,000 ⱶ à lui dues par Sa Majesté [1], et pour n'avoir plus à revenir sur ces paiements qui semblent avoir donné tant de souci à la vieillesse du pauvre capitaine, disons de suite que l'année suivante, 12 avril 1570, il présentait au roi un « placet à fin de payement de 3,000 ⱶ luy deues pour fes bons fervices, » au pied duquel est l'expédition conforme à sa demande. Ce qui ne veut pas dire que le trésorier du roy s'exécuta aussitôt. Mais du Breil, qui voulait panser ses plaies et réparer les brèches faites à sa fortune, ne se décourageait pas et mettait à faire régler ses avances la même ténacité qu'il avait montrée pour défendre Granville. Aussi le 8 septembre 1571, je trouve une « quittance donnée par le roy Charles fur veflin & de luy fignée, à François du Breil de 35,000 ⱶ à valoir fur 60,000 ⱶ par luy demandées à Vidal tréforier à Rouan. » Malheureusement Rouen était loin et du Breil était vieux ! Vidal prétendait avoir de bonnes raisons pour ne pas payer, et en particulier, alléguait qu'il ne devait plus rien au roi; qu'à la vérité le reliquat de

(1) Inventaire de 1716.

ses comptes le rendait bien redevable à Sa Majesté de 80,024 ₶ 13 sols, mais qu'il avait payé cette somme au révérendissime cardinal de Bourbon à qui le roi en avait fait don, et par ordre du roi lui-même. Du Breil, qui avait fait emprisonner le trésorier, fut condamné aux dépens, et Vidal relâché [1].

Nous n'avons plus la suite de ces longs règlements de compte, et toutes les pièces à l'appui qui nous manquent ont dû être envoyées dans le temps pour soutenir le procès devant le grand prévôt de l'hôtel du roi, Nicolas de Beauffremont. Il ne nous semble pas que du Breil ait pu obtenir le paiement intégral de ses avances, car sa succession fut assez embrouillée à liquider.

Nous retournons maintenant à l'année 1567 et aux quelques instants de paix qui lui permirent de vaquer à ses affaires privées. Il put assister le 21 juillet, comme tuteur du neveu de sa femme, Christophe de Tréal, fils de François de Tréal et d'Adrienne Gautron, à l'inventaire des biens dudit François de Tréal et de Noël son frère. Ce sont les deux capitaines de l'Adventure, ses compagnons d'armes dont nous avons parlé plus haut. Cet inventaire de meubles est fort curieux, et décrit dans le plus grand détail le mobilier et l'intérieur d'un château breton au XVIe siècle. Diverses publications de ce genre ayant été faites, nous ne l'a-

---

[1] Archives de Chays, 15 janvier 1573.

nalyserons pas, nous en retiendrons seulement quelques détails : et d'abord le luxe prodigieux des habillements de l'époque, de satin, de velours brodés d'or, de même que les tentures de lit de « toylle » d'argent et d'or, de damas et d'écarlate, le tout pris probablement chez Fremont, marchand de draps de soie à Rennes [1].

Nous remarquerons encore dans cet inventaire, et ceci peut intéresser les agriculteurs, comme quoi à cette époque le fermage à prix d'argent est absolument inconnu à nos pères, car le prisage de toutes les fermes des châteaux de Beaubois [2] et du Plessix-Gautron [3] nous montre une quantité considérable de bestiaux à moitié, tant en moutons qu'en porcs, chevaux, juments et vaches. Il y aurait là une étude comparative à faire sur l'élevage des bestiaux au XVIe siècle et au nôtre, alors que bien peu de terres étant en culture, on laissait vaguer en liberté ces troupeaux à demi sauvages, et l'on pouvait nourrir trente pourceaux, trente-trois

[1] Mémoire de ce que devaient les seigneurs du Breil au nommé Frémont, marchand de draps de soie à Rennes. (Inventaire de 1716.)

Nous ne pouvons cependant résister au plaisir de copier quelques passages de l'inventaire de Beaubois, mais nous les reléguons aux pièces justificatives pour ne pas alourdir la marche de notre récit; nous les dédions aux dames que la sécheresse de tous ces faits de guerre n'a pas trop effrayées et qui ont bien voulu nous suivre jusqu'ici. Elles pourront y trouver des modèles et y verront que, malgré la rudesse et la simplicité de notre pauvre Bretagne, leurs devancières bretonnes s'habillaient assez galamment. (Pièces justificatives, n° 9. Toilettes de Mmes de Tréal et de la Roche.)

[2] Beaubois, paroisse de Bourseul. Il y reste encore de belles tours et de précieux souvenirs du temps passé.

[3] Le Plessix-Gautron, paroisse de Sévignac.

bêtes à corne et soixante brebis, sur une ferme qui n'en possède pas la moitié de nos jours.

Mentionnons encore, et en mémoire des services du capitaine l'Adventure, ses harnoys de guerre et ses armes :

« Ung harnoys fervant à gendarme fans piezes gravées finon les bords dorés, plus une bourguignotte [1] de home de pied noire & les bords dorés; prifés le tout enfemble 37 ℔ dix fouls. — Une rondache noyre dorée prifée 10 ℔. — Un corps de curacze viel avecques une bourguignotte pour home de cheval qui demeure pour fervir pour le fervice de la mefon : Partant non prifée. — Ouict harquebuzes neuffves & vielles à maiche prifées 40 ℔ ; cinq aultres arquebuzes prifées 10 ℔. — Un carquel prifé cinquante foulz. — Deux longues piftolles fans être renforcées prifées 15 ℔. — Deux petites piftolles à 7 ℔ dix fouls, de longueur de demi-pied & quatre doids chacune. — Troys arbaleftres & ung martinet & un tour prifées 10 ℔ l'une.

« Le tout de l'artillerye qui a efté apporté en cefte ville (de Dinan) a efté vandu à Guillaume Serizé & André Provoft a vingt foulz tournoys chacune livre; & a efté trouvé y en avoir le poys en faict pour la fomme de 548 ℔. »

Mais du Breil ne pouvait se flatter d'un long repos dans ses terres, car les huguenots allaient s'agiter de

___

[1] La bourguignotte était un heaume ou casque de fer, ou un bonnet militaire rembourré garni d'étoffes pour se garantir des coups de sabre.

nouveau (septembre 1567) et se préparaient à la guerre.

En effet, le prince de Condé, auquel la Cour avait fait des avances et accordé quelques faveurs, n'ayant pu obtenir le commandement d'une armée contre l'Espagne avec laquelle la guerre semblait imminente, trompé dans son ambition, n'ayant plus l'espoir d'obtenir l'épée de connétable, oublia de nouveau ses devoirs envers le roi et la France, et s'entendit avec ses coreligionnaires pour essayer d'enlever Charles IX près de Meaux, audacieux projet qui, comme on le sait, échoua heureusement, mais que le roi ne pardonna jamais.

Avant le commencement des hostilités, Matignon avait informé la Cour des levées secrètes que faisait Montgommery en Normandie, et le roi lui avait envoyé l'ordre d'assembler immédiatement des troupes, entre autres sa compagnie de gens d'armes, celles de cavalerie du capitaine Villarmoy[1] et du capitaine du Breil avec les autres troupes de basse Normandie. C'est à ces levées de troupes[2] que se rapportent pro-

---

(1) La haute et la basse Villarmois sont situées dans la paroisse de Trans ; la haute Villarmois appartenait depuis le xiiie siècle à la famille de Launay. Vers 1560 vivait Jean de Launay seigneur de la Villarmois devenu depuis chevalier de l'Ordre du roy et maréchal de camp. C'est évidemment notre capitaine Villarmois dont il est souvent parlé dans les histoires du protestantisme en Normandie. La basse Villarmois appartenait à une autre famille qui ne portait que le nom de *Villarmois,* mais dont aucun membre n'a marqué à cette époque. Depuis deux cents ans, ces terres sont en la possession de la famille Artur, jadis seigneurs du Plessis et du Ronceray, qui porte actuellement le nom de la Villarmois.

(2) *Histoire du maréchal de Matignon* par CAILLÈRES. 1661, in-f⁰, p. 90.

bablement deux lettres du roi et du duc de Montpensier, où, dit l'inventaire de 1716, du Breil est qualifié
de gouverneur de Granville et de Moncontour, mais
dont nous ne possédons plus le texte.

Les huguenots de Montgommery avaient été renforcer sous Paris l'armée du prince de Condé. Ce fut
le 10 novembre et en vue de la capitale que se donna
la bataille de Saint-Denis où les catholiques furent
vainqueurs, mais à grand'peine. Le duc d'Anjou,
nommé de suite après lieutenant général du roi, réor-
ganisa l'armée catholique, et se dirigea immédiatement
vers l'est pour suivre les protestants qui voulaient aller au-devant des renforts envoyés par l'Allemagne.
Le duc de Guise de son côté avait massé des forces
en Champagne, et c'est là que nous retrouvons le
capitaine Breil au camp de Troyes avec les troupes
amenées de Normandie, en même temps que son per-
pétuel rival Montgommery y avait amené les siennes.
C'est là qu'il passait avec un marchand de Nantes
nommé René le Hayer, pour la fourniture des casaques
de ses hommes d'armes, le marché que nous repro-
duisons ici :

Francois du Breul capp^ne de cinquante hommes d'armes des
ordonnances du roy gentilhomme ordinaire de fa chambre capp^ne
& gouverneur pör fa ma^té en fa ville de Grandville, promeétons
a Rene le Hayer marchant, demourant en la ville de Nantes fře
paier pör le nöbre de cinquante cazaques dhommes d'armes &
quatre vingtz dix darcher de nře compaignye fcavoir : lefd. ca-

ſaques dhõmes darmes & darcher feront deſtame jaulne la de-
couppeure & entretallieure de velours gris pourfille de ſoye
blanche. fera auſſi led. brodeur cinq cazaques de velours jaulne
põrfillees dargent de meſme põurtraiᶜᵗ & decoupeure q. celles
dhõmes darmes. Et fournira parallement d'enſeigne guydon &
de banière pour la trompette, põr leſquelles luy ſera payé põr chũne
cazaque dhomme darmes douze eſcuz 2 demy & dix & demy
põ celles darcher. La moytie paye à la prochaine monſtre &
laultre en livrant leſd. cazaques leſqũ feront faiᶜᵗes de meſme
pourtraiᶜᵗ que celles de la compaignye de Monſieur de Martigues.
Faiᶜᵗ au Pavillon près le camp eſtant à Troyes le dix huiᶜᵗᵐᵉ jõr
de janvier mil vᶜ ſoixante huiᶜᵗ.

René le Hayer.

(*Archives de la Bourbansais.*)

Ce costume de drap jaune et de velours gris était
assez galant, il était de plus très exactement conforme
aux récentes ordonnances[1], et nous donne la description exacte de l'habillement des Bretons de
M. de Martigues[2]. En effet, la garde des princes et
des grands seigneurs était souvent composée d'arquebusiers à cheval qui portaient des mandils (sorte de
manteau court à manches pendantes) à la livrée de
leurs maîtres. Les couleurs du duc d'Alençon, en 1571,

[1] L'édit de 1549 (12 juillet) sur la réforme des habits, défend aux hommes
d'armes de porter sur leurs harnois et caparaçons des chevaux « drap ne toille
d'or ou d'argent ſi ce n'était pour une fois en aᶜᵗe notable, comme à une bataille ou journée aſſignée. » — L'ordonnance du 12 septembre, même année,
« n'admet que des hoquetons ſans velours, parfilleures; ſi ce n'eſt au bord ou
bande de velours ou autre ſoye autour deſdits hoquetons qui feront de drap
ſimple. »

[2] Sébastien de Luxembourg, vicomte de Martigues, gouverneur de Bretagne de 1566 à 1569.

étaient gris, blanc et orangé. Les arquebusiers du duc
de Mercœur, en 1588, portaient des mandils orange [1].

C'est de cette époque du commencement des guerres
de religion que datent certains changements dans
l'équipement des compagnies d'ordonnance, tels que
l'adoption des pistoles ou pistolets, et l'abandon de
l'armure des jambes pour le cavalier et des bardes de
cuir ou de métal pour sa monture. Ces derniers restes
des pesantes armures du moyen âge qui disparaissaient,
n'étaient plus en rapport avec le genre de combats et
d'escarmouches de la cavalerie légère.

Pendant que le Breil était à Troyes et un mois
après cette dernière date, il reçut une brillante récompense de ses services, et le roi, en le créant chevalier
de l'Ordre de Saint-Michel, lui écrivait la lettre suivante.

*Lettre du roi Charles pour le cordon de S. Michel.*

18 février 1568.

Monfieur du Breil pour vos vertus vaillances & mérites vous
avez efté choify & efleu par l'affemblée des chevalliers frères &
compaignons de l'ordre Monfieur S<sup>t</sup> Michel pour eftre affocié à
ladicte compaignie pour laquelle eflection vous notiffier & vous
bailler de ma part le collier dudict ordre fy vous lavez pour
agréable jenvoye prefentement mémoire de pouvoir à mon cou-

---

[1] Costumes militaires français dessinés, et texte par MM. de Noirmont
et de Marbot.

fin le fieur de Martigues, aupres duquel vous vous rendrez &
ferez contant d'accepter l'honneur que la Compaignie vous défire faire qui fera pour augmenter de plus en plus l'affection &
bonne vollonté que je vous porte & vous donner occafion de
perferverer en la dévotion que vous avez de me faire fervice
principallement en cette pñte guerre fi importante au bien &
confervation de mon royaulme & Eftat, ainfi que plus amplement vous fera entendre de ma part mondict coufin auquel je
vous prie adjoufter fur ce aultant de foy que vous feriez à moy
mefme. Suppliant le Créateur qu'il vous ayt Monfieur du Breil
en fa Sainte & digne garde. Efcript à Paris le dix-huictiefme
jour de febvrier mil cinq cens foixante & huict.

Signé CHARLES.

Et plus bas : ROBERTEL.

Et en la fufcription eft efcript : *A Monfieur du Breil cappittaine
de cinq<sup>te</sup> hommes d'armes de mes ordonnances & gouverneur de Grandville.*

Collañé à loriginal par moy Not<sup>re</sup> S<sup>re</sup> du roy en fa Cour du
Parlement & Chambre de Bretagne.

BOURGONNIÈRE.

En marge de cette lettre, un archiviste du XVII<sup>e</sup>
siècle, toujours préoccuppé de revendiquer pour les
seuls seigneurs de la Bourbansais la gloire de leur
ancêtre, a écrit cette note : « C'eft le grand oncle du
S<sup>r</sup> du Breil, frère du S<sup>r</sup> de la Roche fon ayeul & duquel le S<sup>r</sup> du Breil eft héritier [1]. »

En même temps que cette missive officielle et à la
date du lendemain, le roi lui en écrivait une autre beau-

---

[1] Cette note pourrait bien être de l'écriture de du Paz, qui a vu tous ces
documents.

coup plus longue et véritablement glorieuse pour son
vieux serviteur, et que, pour cette cause, nous donnons
en entier.

19 février 1568.

Monsieur du Breil ayant entendu par mon cousin le duc de
Montpensier le désir de bonne affection que suibvant le debvoir
de bons & loyaulx subjects vous portez à mon service & la
promptitude quil a trouvée en vous de vous employer de tout
voftre pouvoir pour resifter aux efforts & entreprifes de ceux
qui ont prins les armes contre moy, je vous ay bien voullu
efcrire la prefante pour vous thefmoigner le contentement que
j'en ay & vous prier que à cefte foys que j'ay délibéré de ne
cefter de les pourfuivre jufques à ce que j'aye l'antière obéiffance qui m'eft deue fans plus attendre auchune paix ny chofe
par laquelle je me puiffe défifter d'en voir la fin & les chaftier
fi bien quil n'y faille plus retourner, que vous vous employez
vertueufement de voftre cofté à les endommager & vous y conduire par la prudance, advis & confeil de mond. Coufin qui vous
fera entandre ce que vous aurez affaire, & d'aultant que je n'ay
rien plus à cœur que de mettre fin à cefte guerre pour randre à
mes bons & loyaux fubiects le repos & tranfquillité dont l'ambition des feditieulx les a privés, vous ne me fauriez jamais faire
fervice plus agréable que de me faire cognoiftre à ce coup combien vous defirez m'en faire à l'occafion qui fe préfente lequel
je vous prometz & affure que je recognoiftré de telle façon à
l'androit de vous & des voftres foit de leur bien ou des moyens
que j'auré d'ailleurs, que vous en aurez bien grand contentement & pour ce que m'eftant fi bon & fidèle ferviteur & fubject
que vous eftes, je ne puis attendre de vous que bon & loyal
fervice à ce befoing. Je ne vous feré la préfente plus longue que
pour prier Dieu Monfieur du Breil vous tenir en fa Sainte &

digne garde. Efcript à Saint-Maur des Foffés le dix neuf^me jour de feptembre mil cinq cens foixante huict.

*Signé* CHARLES.

Et plus bas : FICET.

Et en la fuperfcription eft efcript : *Monfieur du Breil Chevalier de mon ordre & cappitaine de cinquante hommes d'armes de mes or- donnances & gouverneur de Grandville.*

Collat^oné à l'original par moy No^re S^re du Roy en la Cour de Parlement & Chambre de Bretagne.

BOURGONNIÈRE.

Cette lettre, ainsi que la nomination de chevalier de l'Ordre du roi, semblent avoir été accordées au moment où du Breil allait quitter le gouvernement de Granville. En effet, quoique la lettre en date du 19 septembre 1568 le qualifie encore du titre de gouverneur, il est évident que c'est par erreur ou courtoisie, car il existe aux archives de Monaco en date du 7 septembre 1568, une lettre du nouveau gouverneur de Granville à M. de Matignon, signée « Torres » et au dos : « du cappitaine Torre, » qui est évidemment du successeur de du Breil.

Quoi qu'il en soit, cette année devait être heureuse aux deux frères : six mois après, le capitaine la Roche était à son tour nommé chevalier de l'Ordre du roi, le 17 août 1568. Comme cette lettre est libellée à peu près dans les mêmes termes que celle du 18 janvier, on la trouvera aux pièces justificatives, n° 11.

Après la belle défense de Granville dont ces dernières faveurs furent la récompense, du Breil ne renonça pas encore à la vie active qu'il continua sans relâche jusqu'au moment où la maladie et la vieillesse vinrent abattre ses forces.

Entre temps il s'occupait encore de ses affaires privées [1] auxquelles il semble avoir toujours pris un grand intérêt; puis nous le retrouvons au nombre des capitaines que le vicomte de Martigues avait amenés de Bretagne, et qu'il réunit au duc de Montpensier, gouverneur de l'Anjou, et à l'armée commandée par Monsieur frère du roi, pour combattre les protestants pendant la troisième guerre civile. Les principaux événements de cette campagne eurent lieu sur la Loire, dans le Poitou et la Saintonge. Martigues, qui périt malheureusement à Saint-Jean d'Angély le 30 novembre 1569, avait amené peu de monde, mais, dit Mgr le duc d'Aumale, « il avait son régiment de vieilles bandes et surtout ses excellents arquebusiers [2]. » Le gouverneur de Bretagne n'avait eu garde de se priver des services du vieux chef qu'il avait vu tant de fois à l'épreuve. Nous avons une lettre du duc de Montpensier du 19 janvier 1570 constatant sa présence dans cette armée du duc d'Anjou qui tenait la campagne depuis plus de dix-huit mois. Voici cette lettre :

---

(1) Ainsi le 7 octobre 1569 il sollicita du roi et obtint pour un de ses protégés, messire Jean Marchand, prêtre, le prieuré du Breilgain, dans la paroisse de la Boussac, diocèse de Dol. (Inventaire de 1716.)

(2) *Histoire des princes de Condé*.

Monſ* du Breul ayant receu la lettre que vous m'avez eſcripte par ce porteur j'ay faict la requeſte à Monſieur ſuyvant le contenu en icelle, qui a accordé que votre Compagnye demeure en la garniſon qui vous a eſté donnée par Monſ* de Bouillé de quoy lon na voullu gratiffier perſonne que vous & Monſ* de Malicorne. Vous pouvez cougnoiſtre par là le bon traitement que l'on vous veult faire; de ma part je ſeray touſiours bien fort ayſe que vous le recepviez tel que vous en ayez contentement & de vous faire plaiſir par tout ou j'en auray les moyens d'auſſi bon cueur que je ſupplie Nʳᵉ ſeigneur vous donnez Monſieur du Breul ce que deſirez. D'Angers ce xixᵉ jour de janvier 1570.

(*Autographe*) Vouſtre entièrement meilleur amy,

LOUYS DE BOURBON [1].

Au dos : *A Monſ* du Breuil, chᵉʳ de l'ordre du Roy Monſeigneur, & cappⁿᵉ de cinquante hommes d'armes de ſes ordonnances.*
(Cachet aux armes de Bourbon Montpensier.)

Elle ne nous donne pas malheureusement le nom de la garnison qu'occupait du Breil.

Les protestants s'étaient efforcés de s'emparer du bas Poitou et du littoral pour communiquer par mer avec l'Angleterre et la Normandie. Puis, lorsque l'amiral de Coligny, devenu leur chef réel après la mort du prince de Condé (1569), voulut quitter cette province pour aller porter la guerre au cœur de la France, les troupes bretonnes y restèrent pour maintenir les révoltés dans l'obéissance. C'est ce que nous prouve le passage suivant du « *Journal hiſtorique de Généroux, no-*

_____________

(1) Archives de la Bourbansais.

*taire à Parthenay (1567-1576),* » publié dans les mémoires de statistique des Deux-Sèvres[1].

« Le lundy xxie dudit mois (juin 1570) les compagnies de gendarmes de Cresquin (sic), d'Assigné, le Breuil, & la Moussaye se vinrent retirer au Marchioux [2] & au Sépulchre [3] où ils séjournèrent huit jours. »

Cresquin est mis évidemment là pour Coëtquen; Acigné et la Moussaye sont les compagnons d'armes de du Breil que nous avons déjà rencontrés[4]. Mais ce séjour en Poitou est le dernier fait de la vie militaire de notre Breton. La vieillesse et les infirmités commencèrent à lui faire sentir leurs atteintes; nous avons des lettres de restitution du 23 juillet 1572 données par le roi contre un jugement obtenu par le sieur de Pontbriand [5] qui réclamait différentes sommes à son

(1) Année 1862. Bélisaire Ledain.

(2) Quartier de Parthenay.

(3) Idem.

(4) Jean IV de Coëtquen, comte de Combourg, marquis de Coëtquen en 1575, lieutenant du roi en Bretagne, et gouverneur de Saint-Malo, époux de Philipotte d'Acigné.

Jean VIII d'Acigné, seigneur de Fontenay, baron de Coëtmen, beau-frère du précédent, époux de Jeanne du Plessix, mort en 1573, enterré en l'église Saint-François de Rennes.

Amaury III Goyon, seigneur de la Moussaye, comte de Plouër, seigneur de Pontual, capitaine de 50 hommes d'armes, chevalier de l'ordre du Roy, époux de Catherine du Guémadeuc.

Notre auteur cite aussi le capitaine Breuil de Mirebalais, qui entra à Thouars le 2 octobre 1569; c'est un nouveau Breuil à ajouter à la foule des autres, mais tout différent du nôtre.

(5) Julien du Breil, seigneur de Pontbriant, chevalier de l'Ordre du roi, époux de Marie Ferré, dame du Pin (1551).

cousin, et nous y voyons que le capitaine se ressentait de ses glorieuses fatigues : on y lit ceci :

« Le Sʳ du Breuil nous a fait remonſtrer que pour raiſon des grands & exceſſifs travaux quil a ſouffertz depuis quarante ans aux guerres qui ont eſté de nʳᵉ temps & de nos prédeceſſeurs, & ſeſtant *à la fin des derniers troubles* retiré à ſa maiſon, il ferait thumbé en grande perplexité de maladie qui l'a tenu preſque deux ans, à raiſon de laquelle il a été tellement atténué & diminué de ſes forces corporelles, qu'il auroit perdu la parolle, l'ouye & tout le mouvement de ſon corps & membres. »

Cette expression « la fin des derniers troubles » nous reporte bien au milieu de l'année 1570 où les deux partis épuisés désiraient la paix. Catherine de Médicis n'était point disposée à laisser entrer en France les Espagnols qui offraient leur secours ; l'amiral de Coligny de son côté n'espérait pas grand'chose de l'Allemagne. La noblesse huguenote était ruinée, les gentilshommes catholiques ne l'étaient pas moins. Cette lassitude générale amena en août 1570 le traité de pacification de Saint-Germain en Laye.

Cette même année le roi, qui continuait de cicatriser de temps à autre les plaies que de si longues aventures avaient pu faire à la fortune de son fidèle serviteur, lui fit don (Inventaire de 1716) de la « ſucceſſion du feu Sᵍʳ de Beaufort ſon nepveu, mort au ſervice. » Le neveu était Christophe de Chateaubriand seigneur de

Beaufort, fils d'Anne de Tréal sœur de la dame du Breil et de François de Chateaubriand, mort sans postérité. Il avait épousé Jeanne de Sévigné, et en secondes noces Charlotte de Montgommery. Jeanne de Sévigné était fille de ce seigneur du Buron qui nous semble avoir été lieutenant du capitaine Breil dans son expédition contre Jersey, et cette alliance confirme nos conjectures. Charlotte de Montgommery était fille du célèbre chef huguenot rival de du Breil, qui tout en le combattant de son mieux était, comme nous l'avons vu, en correspondance épistolaire avec lui : relations singulières, qu'expliquent toutes ces alliances de famille.

Mais alors après les faveurs royales qui avaient récompensé les loyaux services, et qui tenaient lieu des règlements de compte longs et difficiles pour le trésor à sec, arriva la période des économies et la réduction de l'état de guerre. En février 1571 on s'occupait de licencier une partie des troupes devenues inutiles et en particulier la gendarmerie, comme le prouve la lettre suivante :

13 février 1571.

Monſieur du Breil voyant maintenant les affaires de mon Roy^me reduiɕtes au bon eſtat quils ſont Dieu mercy, après quil luy a pleu pacifier les troubles qui y eſtoient, je deſire me relever le plus quil me ſera poſſible des grandes & extreſmes deſpances que les guerres paſſées m'ont contraint de ſupporter, & a ceſte cauſe faire reduɕtion de mes forces principallement de ma gendarmerie pour ne plus doreſnavant entretenir qu'un certain

nombre de compagnyes que je pouré payer, voullant en cela
proceder fellon l'ordre des antiquittés & receptions defd. compagnyes, affin que perfonne n'ayt occafion de fe plaindre ou
malcontanter; & d'aultant qu'il y en a auchuns qui fe font pré-
fentés & viennent encore ordinairement pretandans eftre des premiers pourveuz, je vous ay bien voullu efcrire la préfente, affin
que incontinent icelle receue vous ayez à m'envoyer vos lettres
de provifion qui vous ont efté expediées pour voftre compagnye
de maditte gendarmerie & preftaõn du fermant que vous en avez
faict pour en voir la datte & en ce faifant vous garder comme
je feré le droict & le rang qui vous appartient fans y préferer
perfonne que ce foit; & ne vous eftant la préfente faicte à aultre
intantion, Je prye a Dieu vous avoir Monfieur du Breil en fa
faincte & digne garde : efcript en mon Chafteau de Boullongne
lès Paris le treiziefme jour de feburier mil cinq cens foixante &
unze.

*Ainfi figné* CHARLES.

Et plus bas : FICET.

Et en la superfcription eft efcrit : *Monfieur du Breil chevallier de
mon Ordre & capp^ne de cinquante hommes d'armes de mes ordonnances.*

Collat^né à l'original par moy Not^re Sec^re du roy en fa Cour du
Parlement & Chambre de Bretagne.

BOURGONNIÈRE.

En marge de la main de l'archiviste de la Bourbansais : *Lettre
du roy pour avoir la datte de la commiffion de cap^ne de gens d'armes.*


Malgré ces réformes, François du Breil, eu égard à
l'ancienneté et l'éclat de ses services, fut maintenu dans
la possession de son grade, car, deux ans après, M. de
la Moussaye le remercie d'avoir permis à son frère
la Tousche d'aller au siége de la Rochelle (1573) [1],

_________________________

(1) Pièces justificatives, n° 11. Lettre de M. de la Moussaye.

et dans un acte de 1577 il est encore qualifié « capitaine de 50 hommes d'armes de nos ordonnances [1]. »

Si, grâce à la paix, il n'avait plus à combattre les ennemis de la France, le pauvre soldat ne jouissait guère d'un repos bien légitimement gagné cependant, et il devait soutenir d'autres assauts. Le lion devenu vieux allait se trouver empêtré dans les filets de la procédure tendus par un adversaire bien tenace et bien redoutable. Il en triompha cependant.

On se souvient qu'en 1550 il avait acheté la terre des Hommeaulx, héritage de la branche aînée des du Breil, d'avec dame Magdeleine le Begassoux, veuve d'Olivier du Breil, mère et tutrice de Julien, seigneur de Rays. Celui-ci, devenu en âge, voulut réclamer contre cette vente faite par sa mère, comme ayant été obtenue par des moyens illicites. Son mémoire à l'appui de sa demande est un très curieux tableau des mœurs du temps. A la distance qui nous sépare des combattants, nous ne prendrons point parti pour l'un ou l'autre des deux adversaires, et malgré notre amitié pour notre héros, nous ne pleurerons point sur ce pauvre Holopherne si méchamment mis à mort par Judith. Mais il est certain que son rival ne le flatte pas. Il ac-

(1) « Aveu rendu à Guy de Rieux par Fçois du Breil, Sgr dud. lieu, baron des Hommeaulx, chevalier de l'ordre du Roy, capitaine de 50 hommes d'armes des ordonnances de S. M. & gentilhomme ordinaire de sa chambre, comme garde datif de Jehan du Breil, fils de Francois (capitaine la Roche). » (Archives du château de Clays.)

cuse carrément [1] le capitaine Breil, aidé de ses frères
et du seigneur de Tréandin son beau-père (Briand de
Tréal), de s'être emparé contre tout droit des « meil-
leures & principales lettres de la fucceffion du S<sup>gr</sup> des
Hommeaux & furtout de celles qui parlaient du gouvernement de la dite maifon des Hommeaux, lefquelles
lettres y eftoient demeurées d'aultant mieux que grande
partye du temps led. deffunt Rolland du Breil [2] fe te-
noit & demeuroit aud. lieu des Hommeaulx, » et pour
expliquer par quelles « viollantes menaffes & intimi-
dations » sa mère fut forcée de vendre cette terre au
capitaine Breil, voici le pittoresque tableau qu'en trace
le seigneur de Rays : « Se trouvera en premier lieu
que lorfqu'il fut queftion de demander la main levée
en la Cour de Dol audit an quarante fix, ledit S<sup>gr</sup> de la
Roche vint au dict Dol, grandement fuivy & accompaigné entrautres du fieur de la Guaraye [3] & de fa fuite
& de grand nombre de foldatz tant de cheval que de pied,
& au contraire la mère du demandeur ny avoit pour
elle que Jan de Begaffoulz fieur du Boifrolland fon frère
lequel dès lors fut menaffé & intimidé par ledict fieur de
la Roche & ceulx de fa compagnye comme auffy feurent
les juges, procureurs & officiers dudict Dol, que f'ils
ne jugeoient pour ledit S<sup>gr</sup> du Breil, comme ils feirent
contre droict & équité, quilz fen repentiroient. »

(1) Septembre 1571.
(2) Aïeul commun des trois branches.
(3) Le même dont le roi devait donner les biens dix ans après à son frère.

J'aime à croire, pour l'honneur des juges de Dol de ce temps-là, que ce sont les fausses accusations d'un plaideur malheureux, qui ne ménagera pas davantage ceux de Dinan, comme nous le verrons plus loin. « Que du mefme temps, ledict Sr de La Roche fuivy & accompaigné comme dict eft, fe feroit tranfporté en *la ville* du Pleffix de Baliffon & illec judiciellement demande au nom dud. demandeur & de fon adveu & commandement, main levée du refte des biens de la fucceffion dudict deffunct Roland du Breil & entr aultres de lad. maifon & appartenances de Rais affirmant faulcement touteffois que ledict deffendr eftoit plus proche à avoir & recueillir lefdictes chofes que le demandr jeune enfant que dict eft. — Et fur ce que le dict Jan Le Begaffoulx oncle maternel dud. demandeur & procureur de fad. mère & tutrice voulait pretendre la mefme main levée, fut menaffé de plus belle difant avecq plufieurs ferments & blafphèmes quon luy *coupperoit les aureilles* & que luy ny les fiens ny auroient jamais rien.

« Auffy, que toft après, eftant lad. Dam^lle en la ville de Dynan pour confulter de fes affaires, ledict cappitaine de La Roche frère dudict deffendeur fon prefumptif heritier, aiant avecq luy grand nombre de foldatz pourfuivit icelle Damoifelle depuis le logis qui autrefois fut du Pontbriant eftant en ladicte ville, jufques en l'endroict de l'Efglife N^re Dame de Vertus [1], luy im-

_____

(1) L'église des Cordeliers.

properant mil villenyes, f'adreffant luy & fa bande tous d'une flotte & tous d'un mefme efpoir à ladiœte Damoifelle la menaffant de la battre ou noyer, difans que à elle n'appartenoit de pourfuivre ne soubftenir procés contre led. S$^r$ du Breil; en forte que fe veiant ainfi menaffée, elle qui n'eftoit aulcunement fecourue en tels affrës de fes parans ny amys nofoit aller par pays que de nuiœt tant à raifon des menaffes dudiœt cappitaine de la Roche, gens & ferviteurs dud. defendeur, que de fefd. frères, hommes viollans, crains & redoubtés & faifans exécuter de grande indépendance & exaœtions leurs menaffes & antprifes par foldatz de leur cõpaignie & aultres gens de leur fuitte. »

On comprend bien que devant un capitaine qui ne parlait que de « couper les aureilles » aux hommes, & de noyer les Dames (sans que la police de Dinan qui, paraît-il, n'était pas très bien faite, n'y mît bon ordre), il n'y avait qu'à se cacher. C'eſt ce que fit prudemment Jan le Begassoulx.

« Item qq. tems après, lediœt cappitaine La Roche futur héritier dudiœt défendeur, qui n'eut jamais enfans légitimes, paffa à Plancouet en plain jour accompaigné de vingt à vingt cinq chevaulx, deffendit & entra chez lediœt Jan Le Begaffoulx S$^r$ du Boifroland le cherchant par la maifon l'efpée au poing difant que fil l'euft trouvé il l'euft tué en indignaõn quil follicitoit põr la diœte Le Begaffoulx fa fœur cõtre lediœt fieur du Breil en forte que lediœt Le Begaffoulx, *ancores quil fuſt qualifié & aiant*

*beaucoup d'amys audiĉt Plancouët* feut néanlmoings cō-
trainĉt de fenfuyr & cacher pour obvier à icelle furye
& forczé de délaiffer la pourfuitte & follicitaõn dudiĉt
Procès. »

Le sieur de Rays n'a pas l'air de trouver que son
oncle, qui avait tant d'amis à Plancouët, ait été bien
brave ce jour-là !

Au tour des gens de justice de Rennes, maintenant :
il faut que tous y passent.

Le procès par appel étant parvenu « audiĉt fiége de
Rennes & en la cour lors appelée Grands Jours, il ne
ne fe trouva advocat, procureur ny folliciteur qui
f'ampefcheat pour elle, qui ne fuft menaffé à tuer
battre & offenfer par lediĉt deffendeur & une infinité
de gentilfhommes & foldatz qui f'empefcheoient pour
luy. »

Les avocats de Paris ne furent pas plus braves. —
« ..... Les quelles menaffes & inthimidations ils con-
tinuoient toufjours en l'androilt de lad. Damoifelle du
temps mefme quelle fut contrainĉte d'aller à Paris à
la fuilte de l'appel y introduit par led. deffend^r pour
toufiours penfer confommer en frais & faire tout
quiĉter à lad. Damoifelle par menaffes ou ennuy de
procès. »

Tout cela ne suffisait pas, paraît-il, aux capitaines du
Breil, et le sieur de Rays se représente comme Arthur
de Bretagne persécuté et menacé de mort :

« Plus, que de mefme temps Julian de Chefrues [1] coufin germain du défendeur & depuis enfeigne d'une compaignie foubz ledict défendeur, par luy & les fiens veint demourer exprés en la maifon du Boifgardon [2] accompaigné de plufieurs perfonnes eftrangères, affin de trancher le procés avec la vye dud. demandeur lors pupille & jeune enfant inocent eftant foubz l'aile & protection d'une foible demoifelle audict lieu de Raiz a deux traictz d'arc de ladicte maifon de Boifgardon, ce que aiant defcouvert ladicte Damoifelle & comme ledict de Chefrues avoit affigné fes complices pour la plus part *normantz* & incongneuz pour executer le deffeing de fon entreprife ce qui eftoit facille à frē, elle auroit envoyé ledict demandeur de nuict & le plus fecrettement quil luy fuft poffible en la maifon de La Caulenaye [3] pour eftre en furetté de fa perfonne, & du depuis tenant de telle forte lad. de Begafoulx en crainte en la menaffant & intimidant difant ouvertement quil la tueroit fy elle fortoit de fa maifon quelle fut contraincte la plus part du temps de tenir fa dicte maifon fermée de peur d'eftre offenfée laiffant toutes affaires arrière. »

Il est certain que voilà un tableau bien composé et

(1) Ancienne famille qui tirait son nom de la paroisse de Cherrueix, mais qui n'a pas produit à la dernière Refon, et n'est pas citée par M. de Courcy.

Julien de Cherrueix était fils de Jean seigneur de Laumône et de Perrine du Breil, tante du capitaine Breil.

(2) Le Boisgardon, en Ploubalay, est en effet tout près du château de la Mallerie et du Plessix-Balisson.

(3) La Caulnelaye, en Corseul.

où les faits sont groupés avec art. Jean de Chesrues avait bien le droit d'habiter le Boisgardon si cette maison lui appartenait, — voire même d'y amener des Normands! Mais les aventures de cette « faible damoyselle, » terrorisée, n'osant sortir de son manoir, et mettant en sûreté la nuit, l'héritier présomptif menacé par un tuteur dénaturé, auraient pu servir de canevas aux romans de notre P. Féval, où l'enfant persécuté ne triomphe et n'est reconnu légitime qu'au bout de trois ou quatre volumes d'aventures.

« Item que le defendeur cytoft quil veit le demandeur avoir atteint les ans de majorité auroit toufjours efpyé les moiens de luy faire ratiffier & avoir agréable lefd. accords, & entendant quil en voulloit reffantir & fe faire rellever contre iceulx, auroit emploié plufieurs perfonnes gentilhommes & aultres pour circonvenir la jeuneffe & facilité dud. demandeur nullement verfé en fes affaires affin de l'induire pour ung peu dargent contant, fachant que le demandeur eftoit affameulx & neceffiteulx naiant en lefpoir que les armes & le fervice du Roy, à ratiffier & confirmer tout ce que fa mère mal confeillée avoit acordé par les beaulx moiens cy davant ; mais voiant led. defendeur & fefd. freres & adherans que telles voies n'eftoient promptes & felon fa dévotion, auroit reprins fefd. premières erres (errements) & moiens, luy qui eftoit en plus grand auctorité quil navoit jañs efté eftant ainfy advancé en biens de la defpouille dud. demandeur fon paouvre parent

demeuré par droiĉt dufaige en fa tutelle, auroit eu recours aux menaffes jufques à dire & jurer que f'il fe
voullait reffentir ou complaindre diceulx accords, quil
luy feroit rompre la tefte jufque dedans fa maifon, &
que ceux qui f'empefcheroient pour luy n'auroient
meillř marché. »

Le sieur de Rays donc explique longuement comme
quoi toutes ces horreurs l'ont forcé de ratifier les ar-
rangements et la vente faite par sa mère, « & comme
quoi cette ratification fut manyée & extorquée en la
ville de Dynan ou F^cois du Breil fe trouva en armes
accompaigné de grand nombre de gentilfhommes &
foldatz, même dudiĉt fieur de la Roche fon frère. »
Puis, il décharge enfin sa mauvaise humeur contre la
ville de Dinan tout entière, comme il l'a déjà fait sur
les juges de Rennes, de Dol et de Paris, et il en fait le
tableau suivant, que les Dinanais, qu'il accuse de « faigner du nez, » pardonneront certainement à un homme
qui a perdu son procès.

« Et ne fault que le défendeur dife que en icelle ville
il ny a apparence de force ne contrainĉte car il fe veoid
tous les jours que ung gentilhome cougneu inferieur
en grande entreprife & moien que le defendeur entrant
en icelle fuivy & equippé come l'eftoit le defendeur,
pourveu quil ne demande rien aux habitans de lad. ville,
y faffe tels effortz & viollances que bon luy femblera
fans que les habitans voire les officiers de la juftice
ofent f'advancer au devant. Ains ont acouftumé quant

telle chofe arrive come elle faict fouvent, de *faigner du nez* ou de f'en aller aux champs fachant bien n'eftre affez fortz ne foubftenuz pour réfifter à telles entreprinfes. D'aultant que fils faifoient contenance de le voulloir empefcher, ils ne feroient les plus forts & craignants d'être trouvés à part en la campaigne, comme le tout eft notoire & par expériance trop fouvent praticquée en ladicte ville, & par ce mefmes que la meilleure partye de lad. ville & fofbourgs tient prochement de plufieurs gentilfhommes & feigneurs amis & parans dudict defendeur voifin de ladicte ville en *laquelle il a comandé.* »

Ce dernier membre de phrase nous donne sur les services du capitaine Breil un détail qui nous est aussi inconnu que l'époque et les circonstances de ce commandement.

Il est certain que le mémoire du sieur de Rays, quoique signé « de Quelen, adv[at] » porte bien le cachet de l'œuvre personnelle d'un homme qui sait écrire, ou du moins très bien dicter à son avocat. S'il a des accents énergiques pour dépeindre la terreur qu'inspiraient aux Dinanais les frères du Breil, l'auteur de ce factum sait à merveille reprendre un ton mielleux et patelin pour affirmer qu'il a toujours craint et respecté son oncle : mais il ajoute aussitôt comme correctif, que c'est parce qu'il connaît « fon humeur & promptitude, gifante plus en l'exécution qui toujours luy a efté prompte, que au parler & langaige ; » ce qui veut dire en bon

français du XVIᵉ comme du XIXᵉ siècle, que du Breil
était plus capable de donner de grands coups de coutelas avec Blaise de Montluc, que d'écrire un long et
habile mémoire comme celui que j'analyse ; — il sait
très bien aussi apitoyer les gens sur « le paouvre orphe-
lin, lors enfant innocent » et la « damoyſelle perſécu-
tée; » — et comme de tout temps on aurait pu dire, le
style c'est l'homme, l'homme nous apparaît ici avec
d'habiles insinuations de langage contre lesquelles ces
grands coups d'épée des du Breil devaient avoir beaucoup de peine à les défendre.

A ce tableau si vif de ses faits et gestes, du Breil
répond, avec le sentiment de l'honneur blessé, qu'il a
toute sa vie hanté et fréquenté les guerres, fait service
aux rois et princes, qu'il s'est toujours bien acquitté
de ce service « comme il eſt aſſez notoire », ajoute-
t-il fièrement, « & qu'on ne trouvera jamais quil ait uſé
de force ni viollence contre ceux avec leſquels il a eu
quelque choſe à négocier. » On voit quil est indigné
de se voir accusé d'outrages envers une femme, et il
reprend à son tour l'offensive, en rappellant à son
ingrat cousin « qu'il lui a fait paraître ſa faveur &
crédit, luy ayant bien tenu la main pour l'avancer en
honneur » près des rois de France. Il détruit l'écha-
faudage romanesque échafaudé par le sieur de Rays,
en le faisant souvenir qu'à l'époque des accords faits
avec lui, il n'était point le pauvre enfant innocent
dont nous avons vu le portrait attendrissant, mais bel

et bien et depuis longtemps capitaine de 200 hommes de gens de pied, « fort & puiffant de fa perfonne, faige & bien advifé dans fes affaires » et pas du tout homme à se laisser forcer et « induire. » Il prend aussi la défense de cette pauvre ville si malmenée par son adversaire, et lui rappelle que les accords ont été faits « en la ville de Dinan, bonne & grande ville forte & en laquelle il y avait des officiers du Roy, & par l'advis des parents & amis de de Rays en beau & grand nombre. »

Mais le pauvre capitaine avait d'autant plus de difficulté à se défendre, qu'à la même époque il avait à soutenir, avec son autre cousin Julien du Breil, seigneur de Pontbriand, une autre lutte dont nous avons parlé plus haut. — « Ce Julien était, » dit le capitaine dans sa défense[1], « homme cault & fubtil noury & exercé dès longtemps aux affaires de la juftice, procès & plaidoyers. » « Bien plus, » ajoute du Breil, « il avait trouvé moyen de le faire attirer & porter en litière à Rennes foubs colleur d'eftre traiété de fa longue & prefque incurable maladye, le voyant ainfi deftitué de toute force corporelle & troublé de fes fens, efprit & jugement, & par gens atiltrés le faiét importuner d'entendre à acord lorfquil était lors prefque privé de tout fentiment ».... « & la plus part de fes domeftiques gagés & liez à cette cordelle » font tant que le

----

[1] 23 juillet 1572.

pauvre Breil se présenta le 9 février 1572 devant le
Sénéchal de Rennes et signa tout ce que Pontbriand
lui demandait. « Le Capitaine n'avait, » dit-il tristement, « ni fame, enffans, ni aultres parens & amys
autour de luy qui fe donnaffent peine de fes affaires. »

Jehanne de Tréal, la fidèle compagne des mauvais
jours, n'était donc plus là? Cette phrase mélancolique
semble un souvenir donné à celle qui tenait si bien
les comptes & faisait si soigneusement rentrer les revenus, à celle qui ne craignait pas les expéditions
aventureuses, et qui eût été de force à suppléer son
mari malade. Malheureusement nous n'avons pu nulle
part retrouver la date de sa mort.

Pour en finir avec ces procès, nous dirons seulement que du Breil recouvra la santé et avec elle sa
vigueur accoutumée pour se défendre contre les deux
cousins qui le serraient de si près, qu'il put faire agir
à la cour ses vieux amis d'autrefois, et trancher d'un
seul coup tous ces nœuds dans lesquels on voulait
l'enlacer. Le 29 mai 1575, Henri III lui octroyait des
Lettres de Commitimus par lesquelles il déclarait
que « Meffire François du Breul Sr dud. lieu & des
Hommeaulx, chler de notre ordre & gentilhomme
ordre de nre chambre, étant à caufe de ce en notre
protection & fauvegarde fpeciale, » il évoquait devant
le Parlement de Paris ou de Rouen tous les procès
que pouvait avoir le Capitaine pour quelque cause
que ce fût, et ordonnait « a tout notaire, huiffier ou

fergent fur ce requis de le défendre de toutes inquié-
tations & nouvelletés indues, lefquelles, fi elles font
faites, il ordonne de le ramener au 1ᵉʳ eftat. »

Au reste, ce domaine des Hommeaulx tant disputé
lui causa d'autres ennuis. Il avait bien pris possession,
il en jouissait consciencieusement, mais il avait oublié
de remplir vis-à-vis du couvent des Jacobins de Dinan
les obligations attachées à cette terre par l'aïeul commun, le Président aux grands jours de Bretagne, Roland du Breil. — Les religieux réclamèrent les six
écus de rente à eux légués et les arrérages du passé.
François du Breil voulut se défendre en disant que
Jullien, sieur de Rays, tenait la place de l'héritier du
fondateur défunt qu'il représentait, puisqu'il avait continué, malgré la vente des Hommeaulx, de jouir de
l'enfeu et des trois pierres tombales aux armes de la
famille qui existaient dans l'église des Jacobins. Mais
Jullien cette fois se défendit facilement en produisant
l'acte de vente des Hommeaulx faite par sa mère au
capitaine Breil, lequel fut enfin condamné à s'acquitter envers les Jacobins, mais à condition qu'il aurait
toutes les prérogatives retenues par le sieur de Rays,
et qu'il « jouyrait pour lui & fes fuccefſeurs & defcen-
dants de fa chair & non aultres, des honneurs prééminences & enfeus du Couvent des Jacobins » — et
que, si la ligne directe de François du Breil venait à
deffaillir, le sieur de Rais, ses hoirs et successeurs re-
prendraient les enfeus tant disputés.

Disons de suite que la descendance de François du Breil, qui existe encore, oublia souvent ces obligations ; mais les RR. PP. Jacobins ne « défaillirent » jamais à les lui rappeller et en 1606, 1608, 1638 jusqu'en 1641 et 1724, les seigneurs du Breil, puis Huart de la Bourbansais furent souvent rappelés par les moines à ce devoir sacré dont ils perdaient trop souvent la mémoire [1].

Nous avons vu que Jullien du Breil de Rays, dans les accusations qu'il accumule contre son cousin, l'accuse de n'avoir eu jamais « enfants légitimes. » Nous n'avons point trouvé traces d'une descendance bâtarde, mais nous savons qu'en effet Jehanne de Tréal ne lui avait point donné d'enfants. Aussi, dès qu'il fut rétabli de sa longue maladie, soit qu'il eût par trop souffert de s'être trouvé seul et abandonné dans ses vieux jours et ses procès, soit qu'il fût piqué au vif du reproche de son cousin, il épousa vers 1573 dame Louise le Sénéchal, héritière du Rocher au Sénéchal, en Saint-Brice en Coglés [2].

La date exacte de ce mariage nous est inconnue. Mais c'était en 1572 que du Breil se plaignait de son abandon et qu'il parle de sa maladie comme d'une chose déjà passée ; d'un autre côté, Louise le Sénéchal teste le 1er novembre 1576 et mourut peu après. C'est

_______________

(1) Archives du château de Clays. Transactions et accords aux dates susdites.
(2) Cette famille, éteinte lors des dernières réformations, portait : *d'argent à 3 bandes de sable.* (DE COURCY.)

donc entre ces deux dates qu'il faut fixer l'époque de ce second mariage.

Le capitaine Breil profita de cette nouvelle alliance pour faire ériger en baronnie sa terre des Hommeaulx dont il était enfin paisible possesseur. Je dis qu'il profita de son mariage, car n'ayant pas aux Hommeaulx la quantité de terres, fiefs et vassaux, exigée par les ordonnances pour former le corps d'une baronnie, il y joignit sans façon les terres de sa femme, qui était en même temps sa voisine, et l'acte d'érection du mois d'août 1575 (pièces justificatives, n° 12), unit sous le même titre baronnial : les Hommeaulx et Lergay, appartenant à du Breil ; le Rocher et le Plessis-Sénéchal, propriétés de sa femme.

Des Hommeaulx et de Lergay dépendaient les fiefs de Saint-Georges et Montrouault, en Saint-Broladre, Cherrucix, Montdol, Baguer-Morvan, Baguer-Pican, la Boussac, Saint-Marcan, Roz, Pleine-Fougères et la Fresnays.

Le Rocher et le Plessis-Sénéchal s'étendaient en Saint-Brice, Saint-Marc, Saint-Étienne, Saint-Germain en Coglès, Coglès, la Selle et Montour.

L'acte d'érection porte que le nouveau baron avait « plain pouvoir d'accroiftre & d'augmenter ladite baronnie, d'acheter ou efchanger terres, feigneuries & fiefs, lefquelles acquifitions étaient dès à préfent joinctes, unyes & incorporées aux baronnies des Hommeaux & du Rocher Sénéchal. »

C'était prudent, car enfin il n'avait pas d'enfants de Louise le Sénéchal, dont les terres n'étaient point à lui. Aussi, après la mort sans postérité de cette seconde femme, le Rocher-Portal devint la propriété de François de Carné et la baronnie fut démembrée. Gilles Ruellan, riche fermier général, l'ayant acquise en 1596 et pressé de se décorer d'une auréole nouvelle, se fit annoblir en 1607 et dès 1608 fit à son tour unir et ériger en baronnie les terres du Rocher-Sénéchal devenu le Rocher-Portal, le Plessis et le Tiercent, en la paroisse de ce nom, sous le titre de baronnie du Tiercent.

Louise le Sénéchal mourut peu après être devenue baronne. Son testament est du 1ᵉʳ novembre 1576 [1]. Cette seconde union avait duré trop peu de temps pour que le vieux capitaine demeurât fidèle au souvenir de sa seconde femme. Trompé dans ses espérances de postérité et pressé par la vieillesse, marchant sur les traces du président du Breil qui s'était marié cinq fois, il prit bien vite une troisième alliance. Nous ne savons pas non plus la date exacte de ce mariage, mais, dès l'année de la mort de Louise le Sénéchal, il épousait Isabeau de Porcon, fille du seigneur de Lampâtre [2].

Cette fois il fut plus heureux et en eut un fils nommé Guy, qui dut naître vers 1579, car il avait qua-

(1) Archives de la Bourbansays.
(2) Porcon, seigneur dudit lieu, de Bonnefontaine, de Lampâtre, porte *d'or à la fasce d'hermines accompagnée de 3 fleurs de lis d'azur.*

torze ans en 1593 lorsqu'on dut lui choisir un curateur pour remplacer Guy de Rieux, seigneur de Châ-
teauneuf, qui avait été nommé son tuteur à la mort
de son père.

Ce fut le couronnement de sa longue existence, et
désormais il se confina dans le château des Hommeaulx devenu sa principale demeure.

Vers l'année 1576, il perdit son frère et fidèle compagnon d'armes, le capitaine la Roche. Nous n'avons
pu trouver non plus la date certaine de cette mort, et
il est curieux que dans ces deux vies dont l'histoire
de chaque année nous est connue par des actes au-
thentiques, les dates importantes de mariage et de
mort nous font complètement défaut, et les registres
de paroisse également.

Cependant la nomination du capitaine Breil comme
tuteur des enfants de son frère est du 30 juillet 1576,
et cette réunion de parents a lieu le jour de « l'iſſue
ſervicze & obſèques funéralles » du seigneur de la
Roche-Colombière. Le décès a donc eu lieu le 27 ou
28 du même mois. Peu après le défunt fut remplacé
dans son gouvernement de Chausey, nous dit l'inventaire de 1716, qui nous donne seulement l'indication
suivante :

« 1576. Copie collationnée de la lettre donnée par
la reyne Catherine au ſieur de Broigne de la capitain-
nerye & gouvernement de l'iſle de Serzé vaquant lors
par le décès de François du Breil. » L'archiviste a écrit

Serzé ; on pourrait lire Jersey ou Serk, il est évident
que ce n'est ni l'un ni l'autre. Aucun des deux frères
n'a jamais été gouverneur de Jersey. Le gouvernement
de Serk avait cessé avec l'occupation de cet îlot, et le
capitaine la Roche, dans tous les titres que nous possédons de lui [1] depuis 1556, ne portait d'autre titre
que celui de « gouverneur des Ifles de Chaufey [2]. »

Le capitaine Breil fut nommé tuteur des enfants de
son frère. Il semblait alors avoir complétement abandonné le Breil de Meillac. Cette vieille terre de ses
ancêtres maternels, quoique bien voisine de la Roche-
Colombière, résidence de son frère, était moins considérable que les Hommeaulx, et moins seigneuriale. La
position de celle-ci, plus près des côtes et de la Normandie où il avait commandé si longtemps, l'y avait
attaché davantage ; il y passa les dernières années de
sa vie, ce qui ne l'empêchait pas d'acheter encore au
Breil le 14 septembre 1577 une pièce de terre d'avec
Morice de Phelineuc sieur de la Villedavy [3]. Cette
année-là encore il afferma au sieur Gouyquet par acte
du 29 février les devoirs du guet qui lui étaient dus
comme capitaine de Moncontour, dans toute la juri-

----

[1] Archives de Clays, années 1554 à 1574.

[2] Deux ans avant sa mort, en avril 1574, à l'époque de la 4e guerre civile,
il avait encore était chargé par Matignon de conduire à Chausey une petite
garnison de 10 hommes.

Quittance de 120 # solde de ces 10 hommes pendant 35 jours, avril 1574.
(Catalogue de Voisin, lib. à Paris, 1884.) Pièce citée par M. G. Dupont, *Histoire du Cotentin*, t. III, p. 495.

[3] Archives de Clays.

diction de Moncontour, pour 300 $^{\text{#}}$ par an [1]. Il possédait la capitainerie de cette ville dès le temps du duc d'Estampes gouverneur de Bretagne. Il avait été continué dans cette charge, dit du Paz, par le vicomte de Martigues et enfin par sa veuve Marie de Beaucaire. (Lettres du 19 avril 1570.)

Tous ces nombreux gouvernements dont il conserva quelques-uns toute sa vie, outre qu'ils lui donnaient la grande situation militaire que les mémoires du temps indiquent, et que nous avons essayé de retracer, avaient dû refaire un peu sa fortune si souvent entamée par ses captivités et ses aventures de guerre. Cependant il semble avoir laissé une succession embarrassée à ce fils tant désiré, à moins que le jeune seigneur n'ait eu le temps en sa courte vie de dissiper l'héritage paternel; au surplus, quelques lettres de ses amis ou parents, que nous donnons aux pièces justificatives et comme curiosité, car elles n'ont pas un intérêt historique, nous montreront qu'il en était ainsi des plus grandes familles de la noblesse bretonne, y compris M$^{\text{me}}$ de Martigues, Marie de Beaucaire, veuve de Sébastien de Luxembourg, gouverneur de Bretagne, assez grande dame cependant, qui devait cent écus à du Breil et ne se pressait point de les lui payer. Dès que les termes de ses fermes sont « echeus », écrit Louis de Guémadeuc, son receveur, « elle en-

_______________

[1] Inventaire de 1716.

voye homme pour prandre fes deniers quy ne font que passer par devant moy » (may 1574). Malgré trois siécles de distance, il me semble que les choses ne changent guère [1].

Du Breil a dû mourir en 1583, car, au mois de mai de cette même année, sa troisième femme, Isabeau de Porcon, était veuve, et renonçait à la communauté. Mais nous n'avons jamais pu découvrir où il avait fini sa vie. Il est probable que ce fut aux Hommeaulx : les registres de Saint-Broladre ne disent rien à ce sujet, et, chose extraordinaire, aucun des nombreux actes qui ont trait à la liquidation de sa succession et qui parlent de son décès, ne donnent la date de sa mort. Il en est de même pour son frère, comme nous l'avons vu.

Nous avons dit qu'il laissait un fils en bas âge. Ce jeune baron fut marié de bonne heure. Il épousa à vingt ans, en 1599[2], Gilette Pinel, fille du seigneur de Chaudebœuf. L'année précédente, son cousin Jean du Breil, fils du capitaine la Roche, avait été nommé son curateur; dès 1603 il était question de vendre ses terres pour payer ses dettes, et le seigneur de Chaudebœuf donnait procuration pour vendre les biens de son gendre. Tout cela semble finir tristement et la descendance du capitaine Breil devait vite s'éteindre.

(1) Voir pièces justificatives, nº 11. Lettres de MM. du Bordage et de la Moussaye.

(2) 3 may 1599. Extrait des bans de mariage entre Guy du Breil et Delle Gilette Pinel (Inv. 1716).

Guy du Breil eut un fils nommé Briand, né aux Hommeaulx et baptisé à Saint-Broladre, le 12 août 1600[1]. Mais cet enfant ne vécut pas longtemps : Guy du Breil lui-même mourut de bonne heure, à 24 ans, en 1604[2], et ses biens retournèrent aux enfants du capitaine la Roche. Le mauvais état des affaires de Guy nous explique comment cette succession, qui s'était augmentée de celle du fils du capitaine la Touche, mort en 1562 à la bataille de Dreux (voir page 15), n'enrichit pas beaucoup les seigneurs de la Colombière. Cependant c'est vers cette époque qu'ils achetèrent à Pleugueneuc la seigneurie de la Bourbansais, plus voisine du bourg et pour laquelle la Roche-Colombière fut complètement délaissée.

Le Breil, abandonné déjà pour les Hommeaulx, fut, quatre générations après, donné en partage par Jacques Gervais Huart de la Bourbansais, arrière-petit-fils du capitaine la Roche, à sa sœur cadette, Marguerite, dame de Bonteville, dont les héritiers le revendirent peu après. Les Hommeaulx, siège de la baronnie et que les aînés eussent dû, semble-t-il, tenir à honneur de conserver dans leur branche, furent cédés, en 1635[3], par Renaud du Breil, petit-fils du capitaine la Roche, à son frère cadet Jean du Breil qui prit le titre

---

(1) Saint-Broladre. Registre de paroisse.
(2) Acte d'accord entre Jan du Breil et Jan de Porcon, Sgr de Lampâtre, héritiers collatéraux de Guy du Breil (Inv. 1716).
(3) Archives du château de Clays.

de baron des Hommeaulx et forma une branche qui s'est éteinte au bout de deux générations. Les Hommeaulx furent vendus à la famille de Saint-Genys vers 1680. Enfin, la branche aînée se cantonna dans la paroisse de Pleugueneuc où elle est toujours demeurée jusqu'à son extinction qui arriva assez tôt.

En effet, le capitaine la Roche avait eu deux enfants de Catherine de Tréal. Une fille nommée Jeanne qui, en 1578, épousa Jean Guéheneuc, seigneur de la Barre [1], et un fils nommé Jean qui continua la descendance. Puis devenu veuf, il épousa, en 1565 [2], Suzanne le Bouteiller, fille aînée de Jean le Bouteiller et de Damoiselle Françoise de Bois le Houx, elle était sœur de Jean le Bouteiller, seigneur des Landes et de Maupertuys [3]. — Après la mort de son mari, Suzanne épousa en deuxièmes noces son voisin Claude de Rosnivynen, seigneur de la Gromillais [4] et du Plessix-Bonenfant. Il est extraordinaire combien, à cette époque, les seconds et même les troisièmes mariages faisaient fureur. Le capitaine avait eu de sa seconde femme deux filles : Françoise et Hélène. — Disons de suite qu'Hélène épousa d'abord N. Uguet, seigneur du Lupin, et que devenue veuve et douai-

---

(1) Sa postérité est représentée par toutes les branches de la famille de Guéheneuc de Boishue.

(2) 13 janvier 1565. Archives de la Bourbansais.

(3) Le Bouteiller, très ancienne famille de l'évêché de Dol, dont il existe encore des représentants. Elle est connue depuis le XI<sup>e</sup> siècle et porte pour armes : *d'argent à la bande fuselée de sable* : devise : *Sine maculis.*

(4) En Québriac.

rière, en 1591, elle épousa en secondes noces Jean de
la Place, seigneur de Laprade, que des notes de famille
disent gentilhomme périgourdin. Hélène, dont la mère
s'était mariée en 1565, devait être une très jeune douai-
rière en 1591. Aussi je pense que ce ne fut pas le compagnon d'armes de son père dont nous avons plusieurs
fois parlé, qu'elle épousa, mais plutôt un fils ou un
neveu amené en Bretagne par les souvenirs communs
et les relations amicales, ou les hasards de la guerre.

Au reste il y eut de difficiles règlements d'affaires
entre les enfants des deux lits du capitaine la Roche.
Suzanne le Bouteiller était cousine, ou jeune nièce
de Catherine et de Jeanne de Tréal, et quand il fallut
lui donner sa part du mobilier commun, elle montra
autant de capacité que sa tante pour défendre ses intérêts. En marge du compte de liquidation elle ajoute,
d'une écriture froide et nette, et assez jolie pour
l'époque, des réflexions assez piquantes, et qui montrent l'esprit d'une ménagère économe : ainsi, à propos
d'un traquenart[1] qu'on a mis dans son lot, elle ajoute :
« Quant au traquenart il eſt encore ſéans au ſervice
de ceux qui le voudront achever de nourrir; car quant
à moy il m'a plus deſpandu (dépensé) qu'il ne vaut! »

Nous ne continuerons pas en détail l'histoire de la
descendance du capitaine la Roche ; nous l'avons indiquée en commençant cette hiſtoire. — L'héritière

(1) Scarron emploie cette expression qui n'est pas dans toutes les éditions
du dictionnaire de l'Académie, pour désigner un vieux petit cheval.

de cette branche des du Breil épousa, comme nous l'avons dit, en 1661, Jacques Huart du Boschet, conseiller au Parlement de Bretagne, qui prit le nom de Huart de la Bourbansais. Son petit-fils, mort doyen du Parlement, en 1780, et sans postérité, laissa tous ses biens à son neveu Gabriel de la Forest d'Armaillé, fils de sa sœur Louise Huart. Les terres des deux capitaines dont nous venons d'écrire la vie ont été partagées entre les descendants de ce dernier.

Nous espérons que ces quelques pages consacrées à la mémoire d'un soldat qui ne s'est point ménagé ni enrichi au service de son pays, pourront intéresser ceux qui aiment les souvenirs du passé, la gloire des aïeux, et les détails intimes de la grande histoire de notre Bretagne, cette illustre mère toujours vivante au cœur de ses enfants.

# Pièces Justificatives

## I

*Inſtructions données au S$^r$ du Breil par ordre du roy (1553)* [1].

Le S$^r$ du Brueil yra par devers monſieur le duc de Nyvernais qui eſt à p$^{nt}$ a Thoul ou ès environs, & luy fera entendre de la part du Roy que depuis ce quil luy a derenièrement eſcript, il a mis en grande conſideraõn l'importance dont luy eſt la ville de Thoul, & auſſy leſtat des affaires de L'Empereur quil voit tellement attaché à Metz & ſi opiniaſtrement quil ne ſcauroit vu la ſaiſon & le mauvais temps partir de là ou il eſt de deux ou trois mois pour faire aultre entrepriſe, devant lequel temps led ſeigneur déſireroit bien ſil eſtoit poſſible faire mettre lad ville de Thoul en deffenſe & hors la puiſſance dud ennemy, congnoiſſant aſſez que ſi elle y eſtoit il ſeroit impoſſible audit empereur de jamais pouvoir faire entrepriſe de ce coſté là & ſeroient ſes deſſeings du tout rompuz.

Au moien de quoy il prie led S$^r$ de Nevers regarder avec le

----

(1) Bib. N$^{ale}$ F. fr. Cab. des titres n$^o$ 3124. p. 9. Au dos : Double d'inſtruction du 26$^e$ Xbre 1553.

S$^r$ de Bourdillon, le S$^r$ Defclavolles & les aultres cappitaines fes ferviteurs qui font par delà, auffi auecques les S$^{rs}$ de Vieilleville & de Bleneau auxquels le roy efcript aller pour ceft effeét incontinent trouver led S$^r$ de Nevers & y mener l'ingenieur Fredance, par quel moien fe pourra mettre lad place en deffence, le nombre de gens quil y fauldroit employer & dedans quel temps il fe pourroit faire, & fur ce prendre par enfemble une réfolution pour en toute dilligence en advertir led feigneur qui, cela entendu, donnera tel ordre à envoyer argent & faire pourveoir aux chofes qui feront neceffaires, que l'on congnoiftra qu'il n'y veult rien efpargner.

Cependant le Roy prie led. S$^r$ de Nevers fuivant le contenu de fa lf̃e d'hier quil donne ordre à faire par les foldats qui font dedans lad. ville & aultres gens qui fe pourront recouvrer par dela, toufjours abbattre & démolir les maifons qui font devant les rempars ainfi quil a jà efté deffaingué affin que foit aultant advancé, pour quel effeét il a faiét bailler mil livres au tréforier & quil regarde à n'y laiffer point perdre de temps. Plus led. feigneur veut que l'on regarde auffy a ce qui fera à propos pour la rendre tant plus toft en deffence fans efpargner aucun retranchement de lad. ville ni démolition pour tant mieulx l'affeurer & que led S$^r$ de Nevers par l'avis des deffus diéts digère & confidere bien tout ce qui y appartient pour la mettre en tel eftat que lon en puiffe demourer en repos, eftant bien iceluy feigneur d'avis que pour favorifer l'advancement d'icelle fortiffication led S$^r$ de Nevers demeure là pour quelque temps avec ces deffus diétz, afin que chcũn y mette la main & avec le nombre d'hommes convoiés qui fe pourront recouvrer pour argent des gens du pais en cefte faifon morte, y foit faiéte toute dilligence poffible, & d'avant le Roy délibérant quand elle fera en deffence en bailler la charge & mettre dedans le S$^r$ de Bordillon pour la grande fiance quil a en luy ainfi que led. S$^r$ du Breul lui fera entendre, auecques fa compaignie & tel aultre nombre de gens de guerre que fera befoing pour la deffendre. Auffy la munir & pourrveoir fi bien de toutes chofes quil ait moien de luy en rendre auffy bon compte comme il faffeure quil a voulonté de luy faire fervice, afin que led. S$^r$ de Bordillon regarde auffy de fa part à f'entretenir plus voulontiers & dilligemment en l'advancement dicelle fortifficaõn l'affeurant quil ne luy fera rien efpargné. Veult led. feigneur que cependant l'on regarde doulcement à conferver les vivres qui font dedans & aux environs affin de fen fervir à la provifion de lad. ville & de toutes aultres comodités qui fe pourront trouver.

Plus led. S$^r$ de Nevers fera dreffer par led Fredance un portraict de ce qui eft defja faict & de ce qui fera à faire felon la réfolution quil aura fur ce avant dict, prinfe auecques les deffus dictz, quil renvoira au roy par led fieur du Breuil avec un eftat des gens quil fauldra pour effectuer en ceft endroict fa voulonté. Sur quoy il fera incontinent refponce & pourvoira à tout ce qui fe debvra fere de ce cofté icy — & néantmoins aiant efté arrefté entre eulx lad fortifficaõn que pour ne perdre point de temps iceluy S$^r$ de Nevers & foubz fon auctorité led S$^r$ de Bordillon & Defclavolles feront dilligence de trouver gens pour y venir befoingner en les paiant & regardant auffi de quelles armées du pays ils fe pourront à ceft effect fervir & n'y efpargnent rien — & le roy envoira deniers de forte quils nen auront point de faulte. De tout ce que deffus le S$^r$ du Brueil rapportera la refoluõn le plutôt quil pourra & mettra peine de faire bien entendre le faict quil en puiffe rendre compte au roy par le menu & le fatiffaire de tout ce qui en aura efté arrefté.

Fait à Compiègne le x6$^e$ J. de X$^{bre}$ 1553.

*Signé* HENRY,

Et plus bas : DE L'AUBESPINE.

# II

## *Antoine de Bourbon au Màyeur, Prévôt & Efchevins de La Ville d'Amiens.*

Du camp de Dampierre 17 juin 1553 [1].

Chers & bons amys vous aiant toufiours cognuz autant affec-
tionnez au fervice de Monfeigneur le Roy que bons & beaux
fubgeꝯtz fcauroient d'entendre que fes affaires profpèrent de bien
en myeulx, principalement du cofté de Therouenne ou les ennemys font tous les efforts qui leur eft poffible pour la prendre,
nous vous avons bien voulu advertir par la préfente d'une entreprinfe qu'avons fait meꝯtre à exécution la nuit paffée, y aiant
faiꝯt conduire par les Cappitaines Sainꝯte Rommant & le *Breuil*
le nombre de trois cent hommes de pied des plus braves & vaillans de toutes nos bandes qui y font entrez ce matin, enfemble
plufieurs gentilzhommes qui y font allez pour leur plaifir, fans
perte d'un feul homme, après avoir taillé en pièces quelques
Efpaignols qui leur voulloient empefcher le paffaige qui eft,
comme vous pouvez penfer, mauvaife efpérance aux ennemys
de parvenir à leurs deffeings, & à nos gens augmentation de
bonne volonté de les chaftier & repouffer auffi bien qu'ils ont jà
faiꝯt à deulx affaulx qu'ils y ont donnez, où ils ont perdu ung
grand nombre des plus braves foldats qu'ils euffent; & en ceft
endroit prierons le Créateur, chers & bons amys, vous avoir en
fa fainꝯte garde. Du camp de Dampierre, ce xvij^e juing 1553.

Le duc de Vendofmois & de Beaumont, per de france, bien
voftre

Antoine.

Et plus bas : Duchesne.

(Bib. Nat. Man. Clerambault. fol. 1179. Copie.)

(1) Lettres d'Antoine de Bourbon et de Jehanne d'Albret, pub. par la Soc.
de L'Hist. de France par le M^is de Rochambeau. Paris, 1877, p. 56.

# III

Henry par la grace de Dieu roy de France à nos amés & féaulx Confeillers & Tréforiers de n̄r̄e̅ efpargne & a cell d'eulx qu'il appartiendra falut & dilleƈtion. Nous voullons & vous mandons que en prefence des Commiffaires par nous prépofés & eftablys fur le faiƈt de nos finances qui feront mifes ès coffres de n̄r̄e̅ Chaftel du Louvre à Paris ou de deulx d'entre eulx en l'abfence des aultres, vous paiez baillez & delivrez comptant des deniers eftans ou qui feront efd. coffres du prefent quartier davril à n̄r̄e̅ cher & bien aimé Francoys du Brueil gouverneur & cappitaine d'Abbeville, la fomme de douze cens livres tournois que nous luy avons ordonné & ordonnons par ces p̄n̄tes pour fes gaiges & penfion à caufe de fond eftat de gouverneur & cappitaine dud Abbeville durant l'année finye ce dernier jour de décembre mil cinq cens cinquante fix dernier paffé. Et par rapportant ces ditz p̄n̄tes fignées de n̄o̅e main avec quittance dud du Breul fur ce fuffifante feullement, Nous voullons lad. fomme de xii<sup>c</sup> ℔ eftre paffée & allouée en la defpence des comptes de celluy de vous quil appartiendra & qui l'aura payée, & rabatue de v̄r̄e̅ recepte par nos amés & féaulx les gens de noz comptes auxquels nous mandons ainfi le faire fans difficulté, car tel eft n̄o̅e̅ plaifir. Nonoftant quelzconques ordonnc̄es reftrinctions mandemens & deffences au contraires.

Donné à Villerfcofteretz le xii<sup>e</sup> jour de avril l'an de grace mil cinq cens cinquante fix avant Pafques & de n̄o̅e regne le unziefme.

HENRY.

Par le Roy

ROBERTET.

# IV

Henry par la grace de Dieu roy de france. A notre cher &
bien amé le S<sup>r</sup> du Breul capitaine & gouverneur d'Abbeville
falut & dilleċtion. Comme nous ayons advifé pour tenir lad.
ville d'Abbeville en plus grande feuretté & renforcer de gens
de guerre les forces qui y font de préfent, faire promptement
lever une enfeigne de gens de pié, Nous à ces caufes pour la
confiance que nous avons de vr̃e perfonne & de vos fens
loyaulté & bonne dilligence, vous mandons & commettons que
ayez a incontinent & le plus tôt que faire fe pourra, faire lad.
levée de trois cens hommes de pié & iceulx mettre fus des plus
vaillans & aguerrys hommes que pourrez choifir fans touteffois
y recepvoir aulcuns de ceulx qui font jà en nos bendes foubz
la charge d'aultres cappitaines affin que lefdz bendes ne demeurent defgarnies, pour iceulx gens de guerre employer à la garde
de lad. ville d'Abbeville & leur commander ce quilz auront à
faire pour nr̃e fervice & iceulx conduire & exploiċter ou il vous
fera par nous nos lieuxtenans generaulx & nr̃e amé & féal le
S<sup>r</sup> Dandelot collonnel des gens de pié francoys eftans en nr̃e
fervice ordonné. Lefquels gens de guerre nous ferons payer de
leur foulde du jour de la première monftre & de là en avant
tant quilz feront en nr̃e fervice. De ce faire vous avons donné
& donnons pouvoir puiffance auċthorité commiffion & mandement efpécial. Mandons & commandons à tous nos jufticiers
officiers & fubjeċts que à vous en ce faifant foyt obey. Donné à
Paris le xxiii<sup>e</sup> jour d'oċtobre l'an de grace mil cinq cens cinquante fix & de nr̃e regne le Dix<sup>me</sup>.

Par le Roy

De Laubespine.

# V

## *Artusse de Bourbans.*

Nous pourrions presque mettre un nom sur la figure de l'une de ces courageuses demoiselles qui suivirent leur maîtresse par monts et par vaux jusque dans le château de Génap. Le 15 février 1600, mourait à l'Espine, en Saint-Broladre, manoir voisin dépendant des Hommeaulx, où se retiraient les douairières de la famille après leur veuvage, une demoiselle de chambre de M^me du Breil, qui était alors Isabeau de Porcon, troisième femme du capitaine. Nous pouvons croire que cette demoiselle, que nous supposons pas jeune, vu l'état de son trousseau, vivait dans la famille du Breil, depuis Jehanne de Tréal, qu'elle s'y était attachée comme c'était la coutume autrefois, et qu'elle y vieillissait dans les souvenirs de son aventureuse jeunesse et les regrets de son ancienne maîtresse. — Elle s'appelait Artusse de Bourbans. — Les Bourbans étaient une ancienne famille noble, très bien alliée, puisque la belle-sœur d'Artusse était une Saint-Gilles, mais très pauvre. Ils n'ont point produit à la dernière Réformation, soit qu'ils fussent déjà éteints, soit que leur pauvreté les ait empêchés de réunir les preuves nécessaires. M. de Courcy n'en fait pas mention. — Nous pensons qu'à une époque fort reculée, les Bourbans avaient dû donner leur nom à la Bourbansais, en Pleugueneuc, seigneurie qui devint plus tard le lieu principal de l'habitation des du Breil, alors qu'Artusse, la vieille descendante des fondateurs, se trouvait chez eux en position si précaire. — On trouve Thomas Bourbans à Bonnemain (ref. de 1513); Guillaume Bourbans, sergent général (arrêts de du Fail, p. 403); Julien Bourbans, mort à Saint-Gilles en 1672, et en 1611, à Lanhelin, l'acte de naissance de Gilles, fils de Charles de Bourbans et de Marguerite Bouttier, seigneur et dame de la Porte. On se souvient que la grand'mère du capitaine Breil était une Bouttier. — La pièce que nous publions montrera quel était le trousseau d'une demoiselle de compagnie au XVIᵉ siècle. On pourra faire des comparaisons avec ceux de notre époque.

: Jugement de la court de la Ballue à Bazouge, permettant à noble homme Martin de Taillefer ſieur des Loges, tuteur de noble Charles Bourbans fils mineur de deffunĉts nobles Jean Bourbans & Damoiſelle Jeanne de Sᵗ-Gilles, vivants ſieur & dame de Fonteniz, de faire inventorier après avoir levé les ſcellés & vendre au profit dudit mineur, les meubles & accouſtrements de Damoiſelle Artuſſe Bourbans décédée il y a 15 jours ſans hoirs de ſon corps au lieu de L'Eſpine, paroiſſe de Sᵗ-Brouladre, ou elle eſtoit demeurante demoiſelle de chambre de Madame du Breul des Hommeaux & dont Charles de Bourbans eſt héritier comme eſtant ladiĉte defunĉte Bourbans ſœur dudiĉt feu Jean Bourbans père dudiĉt Charles & iſſus du loyal mariage de deffunts nobles gens Guillaume Bourbans & damoiſelle Raoulette Le Liepvre.

= Inventaire d'Artuſſe Bourbans du 1ᵉʳ jour de mars 1600 :

= Troys aulnes ung quart moins de revefche [1] vert jeaune qui
a coufté chacune aulne vingt & quatre fouls pŏr ce LXVI⁵
achepté à St-Mallo par Dom Jean Druet led. prix... — plus une
robe de quammelot noir neufve. — Item autre robe de mon-
quayer noir fort ufée y ayant aulx manchons plufieurs ra-
feures. — Plus une robe de farge..... [2] plus que my ufée. —
Item un cotylon de quammelot jeaulne tout neuff acouftré de
bandes de velours noir. (Quel drôle de costume !) Plus un
cotillon de frifete [3] verte fort ufée. — Une bourcze de laine,
une gaingne & ung petit eftuy. Quattre chemiffes à ufaige de
femme dont y en na deulx neufves & les ault. my ufées. — Des
braffières de futenne blanche fort ufées. — Une paire de chauffes
de crefeau [4] viollet neuffves. — Ung frifon [5] detamine noire
fort ufé. — Un corps de picqué plus que my uffé. — Item,
ault. corps de piqué viron my ufé. — Sept colletz de toille
dont y en na quattre de brin & troye de toille d'ongles my uffés.
Plus deux colletz de brin. — Item, dix rabatz de toille blanche
fort fimples prefque tous neuffs. — Item un collet de toille de
brin my ufé. — Troys manchons fins, troys coëffures de toille
de brin..... my ufés. = De toille blanche pŏr faire troys rabatz
fimples. — Deux mouchoirs pour meptre au coul. — Deux pe-
tittes coueffes ronde de toille my ufées. — Deux mouchoirs de
toile blanche plus que my ufés. — Deux rabatz dont y en n'a
ung de toille de brin plus que my ufé, & l'aultre de toille de brin
auffi plus que my ufé. — Une coueffe de taffetas noir neufve.
— Aultre coueffe de taffetas fort uffé doublé de veloulx noir.—
Deux manfecques de fatin noir fort ufé. — Ung moulle à fe
couaffez. Une paire de matines. — Deulx paires de pougneĉtz
de toille blanche plus que my uffés. — Deulx paires de fol-

(1) Étoffe de laine frisée.
(2) Il y a quelques mots déchirés dans l'original.
(3) Petite étoffe de Hollande (*Dict. de Boifle*).
(4) Grosse serge de laine croisée à deux envers (*Id.*).
(5) Jupe courte (*Id.*).

liers : une paire liegez & laultre plus que my uſſés. — En argent la ſomme de vingt & quattre ſoulz reſtant de l'achapt de lad. friſe,..... dont on a relaiſſé aud. Sʳ des Loges troys ſouls pŏr ſonner ſon glais à l'égliſe Sᵗ-Broladre & troys ſoulz pŏr ung cordonnier qui auroit accouſté les ſolliers de lad. deffunĉte.

## VI [1]

*Hennon, Queſſoy, Brehant, Tredaniel.*

15 juin 1560. — Moncontour.

Vente par le Sʳ F. du Brëil à Ecuier Guill. de Leſcouet Sʳ de Soulleville. — de la Sʳⁱᵉ de la Marre, colombier, boiſtaillis & de hᵗᵉ futaye, les maiſons, métairies terres & appartenances des Jamyes, de La Villebourie, le moulin avec ſon diſtriĉt, étang, pont-levis, droit d'enfeu à Henon près le ſacraire & le gᵈ autel, accoudoir en la nef près le banc des Salles. Une chapelle au bout des rabines du lieu de la Marre appellée la chapelle ou fillette du Rouxelay. Le fief de Sᵗ-Morel ſ'étendant à Moncontour aux environs & à Tredaniel. Un trait de dixme appellé la dime de Sᵗ-Morel & droit de quintaine aud. Moncontour enſemble avec les autres droits & privileges dependance dud. fief & Juridᵒⁿ de Sᵗ-Morel.

Le fief & bailliage nommé de la Garraye ſ'étendant aux environs dud. lieu de la Marre avec toutes ſes prééminences d'Egliſe, nobleſſe, droit de juſtice moyenne & baſſe.

Nᵃ. Le Sʳ du Breil était priſonnier de guerre, le duc d'Eſtampes lui prêta 8000 # pour ſa raençon.

6 8ᵇʳᵉ 1559.

Noble & puiſſant Noël de Tréal Sᵍʳ de Beaubois de Laventure, & demeurᵗ en ſa maiſon de Beaubois en la paroiſſe de Bourſeul, noble home Fᶜᵒⁱˢ du Breil Sʳ de La Roche Capⁿᵉ de Chozé demᵗ en la parˢˢᵉ de Pleugueneuc & chacun pⁿᵗ en leurs

_______

(1) Archives de Saint-Brieuc. E. 660. Ancienne note de l'archiviste.

perfonnes devant nous notaires roiaulx de la court de Regnes
au banc de Lamballe & par icelle enfemblement obligés in foli-
dum l'un pour l'autre & chacun pour le tout fans divifion, ont
de ce jour vendu, vendent, cèdent, quittent & tranfportent à
Très Hault & Puiffant Prince Jehan de Bretaigne duc d'Eftampes, comte de Penthièvre, Chev. de lordre, gouverneur &
lieutenant général p$^r$ le roy ou duché de Bretaigne fcavoir eft
le nombre de 833 $^{tt}$ fix fols huit deniers mon. tournois de
rente, payables chacun an le jour S$^t$-Michel; ledit tranfport fait
entre eux moyennant la fomme & nombre de dix mille livres
tournois, laquelle fomme icelluy S$^{gr}$ duc a promis faire tenir &
livrer entre mains au Cap$^{ne}$ Breil eftant prifonnier de guerre au
Pais de flandre pour luy furvenir & aider au paiement de fa
ranczon & ce dedans trois mois prochain venans. & jufques à avoir
ledit S$^{gr}$ duc fourny aud. Cap$^{ne}$ Breil lad. fomme, il eft dit con-
venu, & expreffément accordé entre led. S$^{gr}$ duc & les d. S$^{grs}$ de
Beaubois & La Roche que iceulx S$^{grs}$ de Beaubois & de La Roche
ne feront tenus d'aucuns arrérages qui commenceront feulement
à courir en l'année ou jour que lad. fomme de 10.000 l. T.
aura été fournie au Cap$^{ne}$ Breil.

Fait en la ville de Lamballe au chafteau & demeurance dud.
S$^{gr}$ duc. le. 6$^e$ j$^r$ d'8$^{bre}$. 1559.

Les parties ont figné.

J. Dubosc,    F. Martin.

15 juin 1560.

Comme le 6$^e$ jour du mois d'8$^{bre}$ dernier 1559 contraĉt héritel auroit été faiĉt & paffé par devant Jacques du Bofq & F$^{cois}$
Martin notaires royaulx de la Court de Rennes eftablis au fiege
& bailliage de Lamballe entre Très H. & puiffant prince Jehan
de Bretaigne duc d'Eftampes, Comte de Penthièvre, Chev. de
l'ordre gouverneur & Lieutenant g$^{al}$ pour le roy au duché de
Bretaigne & N. H. Noël de Tréal & Francoys du Breil fieur de

11

La Roche Capitaine de lile de Chofé d'aultre part, par lequel lefd. de Tréal & du Breil pour eux & leurs hoirs, auroient vendu & tranfporté audit S^r duc fur l'hypothèque g^al & fpécial de tous & chacuns de leurs biens heritels & mobiliers tant préfens que ad venir le nombre de 833^tt 6 f. 8 deniers tournois de rente..... moyennant le prix de la fomme de 10000^tt T. laquelle fomme de 10.000^tt led. S^r duc faifant led. contract feroit obligé bailler & f^re tenir à M^re F^cois du Breil Ch^r S^r du Breil & de Hédé lors prisonnier de guerre au pais de flandre pour luy fubvenir & aider au Paiement de fa ranczon; & ce dedans 3 mois lors proches & fuyvans, pendant lequel temps les arrerages ne doivent courir que lorfque ladite fomme auroit efté comme dict eft, fournye & payée: fuivant lequel contract & icelluy enthérinant ledit Sieur duc le *2^e jour de janvier dudict an mil cinq cent cinquante neuf*[1] auroit payé & fourny audict M^re F^cois du Breil S^r dud. lieu la fomme de 8000^tt T. fur & en déduction de lad. fomme de 10000^tt., dont l'acte de quittance ce touchant, eft paffé audict Bloys devant M^e Anth. Aubert & Loys Chicoinneau notaires & tabellions dud lieu & *figné* dud *S^r du Breil,* & pour ce que ledit nombre de rente fe pouvait franchir, font aujourdhui 15^e de Juing 1560 par devant nous Yves Dumefnil & Sébaftien Caradeu No^res royaulx jurés & receus en lad court & fenéchaucée de Rennes, comparus en leur perfonne led. M^re F^cois du Breil, S^r dud lieu & de Hédé tant en fon nom que comme mary & proc^r de dame Janne de Tréal fa compagne époufe & à laquelle il f'eft fait fort, f^re ratiffier & avoir agréable les p^ntes, dedans la Magdalaine prochaine venant, lefd. S^r & dame du Breil demeurans à préfent comme ledit fieur du Breil nous a dict au lieu des Hommeaux par. de S^t-Bourgladre dioc. de Dol d'une part, & efcuyer Guil de Lefcouët S^r de Soulville dem^t au lieu de la Moguelaye par. de Maroué d'aultre part, entre lefquels

----

(1) C'est une erreur du notaire. Il est clair que ce paiement n'a pu être fait que le 2 janvier 1560, trois mois après le contrat précédent du 6 8^bre 1559.

a été fait le contrat héritel en la forme que enfuit : Par lequel led. S^r du Breil tant en fon nom que pour lefd. S^r de Beaubois & de la Roche en folution & amortiffement dud. nombre de 833^{tt} 6 fouls 8 den. de rente, a du confentement & volunté dud fieur duc, cédé aud. de Lefcouet, la maifon, terre & S^{rie} de la Marre aud S^r du Breil comme il a affirmé par ferment appartenir.

Scavoir : les maifons, fons, ediffices & fuperficies dud lieu de la Marre, courtz, jardrins, vergers, coulombier & refuge à pigeons, bouais taillis & de haulte futaie, la g^{de} pièce dud lieu & maifon de la Marre, contenant environ 60 journées d'hommes à faulcher, les maifons meftairies terres & appartenances des Jamyes, de Lavillebourre, la prée du Gage joignant a ladite grand prée ung feul foffé entre deux, & encore ung journal de terre ou environ naguère dreffé en pré, le moulin a eau de lad. S^{rie} avec fon diftrict, eftangs, douves, viviers, pontz levis audict lieu & maifon de la Marre, droict d'enfeu & fépulture en l'églife de Henon près le g^d autel & facraire ; ung bancq & accoudouer en la nef dicelle eglife au cofté du bancq de la Sale & une chappelle affife au bout des rabynes dud lieu de la Marre, lefdites chofes baillées par ledit S^r du Breil tenues prochement noblement, à foy rachapt & chambelenage dud. S^r duc à caufe de fa terre & S^{rie} court & juridiction de Moncontour.

Et en faveur dud. tranfport & par deffus les 8000^{tt} led. S^r de Lefcouet a baillé & payé aud. du Breil le nombre de 2000^{tt} tournois.

Led. S^r du Breil a baillé aud. de Lefcouët acquereur le contract d'acquêt qu'il avait fait de la S^{rie} de La Marre d'avecques Julien du Breil efcuier S^r du Pin, Capp^{ne} de Redon & dame Marie Ferron fa compagne en date du 24 7^{bre} 1556. Rapporté par n^{re} dicte court & nous dicts notaires fouffignés. Paffé aud. Rennes en la Salle des Cordeliers ledict 15^e de juin 1560.

22 juin 1560. Le Samedi 22 juin 1560 au lieu maifon & manoir des Hommeaulx ratification de Noble & Puiffante Dame Janne de Tréal.

# VII

## Archives du Palais de Monaco

### N° 1

*A Monfieur, Monfieur de Matignon, gentilhomme ordinaire de la chambre du Roy fon lieutenant en Normandie en l'abfence de Monfieur le duc de Bouillon, à Avranches* [1].

Monfieur, a ce matin m'eft venu veoir mon frère le capitaine de la Touche & ayant faict entendre la bonne volunté que lui portés pour vous faire la reverence & fe offrir a vous faire fervice. Je receu ce matin voz lectres, ay veu que monfieur de Saffey facquicte fort bien. Je vous affure que je feray tout ce que je pourray par deça efperant vous veoir lundy Dieu aydant. Ne vous feray plus longue lectre fors me recommander bien humblement a voftre bonne grace, fuppliant le createur, Monfieur, vous tenir en parfaicte fanté, longue & heureufe vye.

Aux Hommeaux ce vendredy vingt deux may.

Voftre plus obeiffant à vous faire fervice,

LE BREUL.

Souscription et signature autographes. La lettre est datée de 1561 par le secrétaire du maréchal.

Pour copie conforme,

G. SAIGE.

[1] Fonds de Matignon. Série J. Lettres adressées à Jacques II de Matignon. Vol. I. 22 mai 1561.

## N° 2

*A Monseigneur, Monseigneur de Matignon, gentilhomme ordinaire de la Chambre du Roy, lieutenant pour le Roy en Normandie* [1].

Monseigneur, jay arrivey ce soir deulx heures devant le jour en ceste ville de Grandville, donc y trouvey le lieutenant de mon frere & la muraille bien garnye dhommes faisant bien le devoir de gens de guerre. Quand a toutes autres admonÿsions je croy que entendés bien ce quil est necessaire & aussy au grand au comandement quil vous a pleu me faire, il ny aura faulte que je ny obeysse du toult & sy laffaire cy presente je vous donneray occasion de vous comptenter de moy & vous donner à congnoistre le service que je ay envye de vous faire.

Monseigneur je nay rien entendu de nouveau dempuys que suys party davecques vous. Je vous supplye tres humblement de me faire scavoir du tout vostre volentey qui sera l'endroit Monseigneur ou vous presenteray mes humbles recommandations a vostre bonne grace priant Dieu vous donner en santez bone & longe vie. De Grandville ce sabmedy matin.

Monseigneur dempuys ma lettre escripte, le lieutenant de mon frere ma dit les Flaces [2] ne ce faire en ceste vill pour ce quil nes point trouvez sortable, ils [3] doibvent estre allés par devers vous pour leur comander ce quil vous plaira.

Vostre tres humble & obeissant serviteur à jamais,

Du Breul.

Pour copie conforme,

G. Saige.

(1) Fonds de Matignon. Série J. Lettres adressées à Jacques II de Matignon. Vol. I. 23 mai 1561.

(2) Nous pensons qu'il faut lire comme à la lettre XXIIIᵉ, les *flasques :* c'est un terme d'artillerie ; ce sont les madriers qui forment les côtés de l'affût.

(3) Probablement les ouvriers chargés de faire ces flasques.

Entièrement autographe. Datée par le secrétaire du 23 mai 1561. Paraît être d'un autre Breul, la signature est différente quoique d'une écriture fort ressemblante. (*Note de M. Saige.*)

Cette lettre est du capitaine la Touche, qui, comme on l'a vu, attendait son frère à Granville et qui signait du Breul, tandis que le gouverneur signait toujours le Breul.

**N° 3**

*A Monfieur, Monfieur de Matignon, gentilhomme ordinaire de la Chambre du Roy & fon lieutenant en Normandye en l'abfence de Monfieur le duc de Bouillon, à Torigny* [1].

Monfieur tout ad cefte heure ce dymanche au foir je reçeu vos lectres je vous affeure que je feray mercredy au foir Dieu aydant à Grandville pour y faire fejour. Je vous puys affeurer que jay envoyé ung bafteau aux Ifles dont les habitans eftiment que nous ayons la guerre aux Anglois. Ad cefte caufe fi vous voullez faire lever gens de pied advertiffez moy de bon heure & jen feray lever tant quil vous plaira. Vous fcavez quil fault deux enfeignes [2] a Grandville & quelques arquebufiers a cheval pour fervir tout du long jufques a Couftance. Au refte jay mon frère le capitaine La Touche & mes beaulx freres de Ladventure a qui avez pouvoir à tous de commander. Jay une affaire extreme qui eft caufe que je fuis demouré fept ou huit jours en ce lieu. Je nay mis le lieutenant de Mongueville dehors parcequ'il m'a tant prié

---

(1) Fonds de Matignon. Série J. Lettres adressées à Jacques II de Matignon. T. I. 9 mai 1562.

(2) Le capitaine avait généralement sous ses ordres un lieutenant et un autre officier qui portait son étendard et en tirait son nom : enseigne pour l'infanterie, cornette pour la cavalerie légère, guidon pour la gendarmerie ; puis l'usage s'établit de donner à une troupe le nom de la bannière qui la précédait : la compagnie d'infanterie, la troupe commandée par un capitaine s'appela habituellement *enseigne;* la compagnie de cavalerie légère, *cornette* (Mgr LE DUC D'AUMALE, t. Ier, p. 135). Ainsi, dans cette lettre, le Breul demande deux compagnies d'infanterie.

quil euft efcript premierement. Je vous fupplie, Mònfieur, me
mander incontinant que jayes a le mettre dehors pour le fervice
du Roy, car vous entendrez bien de tous que ceft ung mauvais
garfon. Si avez volùnté faire lever gens il feroiĉt temps car le
capitaine de Sainĉt-Malo [1] en faiĉt enrooller ce quil en trouve.
Je ne fauldray incontinant eftant à Grandville vous mander des
nouvelles, pour ce vous plaife m'efcripre bien au long & furtout que je mette ceft homme dehors & mefcripvez fil vous plaift
que ceft jufques ad ce que le Roy y ait pourveu. Je ne vous feray plus long difcours, fors bien humblement me recommander
a voftre bonne grace fuppliant le Créateur

Monfieur, vous tenir en parfaiĉte fanté tres bonne & heureufe
vye. Aux Hommeaux ce IXe may.

     Voftre plus obeifant a vous faire fervice,

Le Breul.

Souscription et signature autographes.

    Pour copie conforme,

G. Saige.


**N° 4**

*A Monfieur, Monfieur de Matignon gentilhomme ord[re] de
. la chambre du Roy & fon lieutenant en Normandye en
l'abfence de Monfieur le duc de Bouillon, à Avranches* [2].


Monfieur, tout ad cefte heure je viens de recepvoir ung pacquet de monfieur de Couftances [3] qui a par advertiffement que
nos ennemys le veullent venir veoir, & quant à moy lon m'en a

_______

(1) Georges de Bueil, seigneur de Bouillé.
(2) Fonds de Matignon. Série J, Lettres adressées à Jacques II de Matignon. Vol I. 27 mai 1562.
(3) Artus de Cossé, évêque de Coutances.

affeuré; pour ce regardez qu'il eft bon d'y faire. Ce nous fera une grande perte pour cefte viconté fi fuyvent Couftances & auffy que ce feroit cy près de vous. Jé des hommes en cefte ville qu'il fault nourrir comme à l'hoftellerie. Regardez fil vous plaift que jenvoye querir les trentes corcellets de ce gentilhomme que je vous avois dict; jen refpondray & en prendray le meilleur marché qui me fera poffible..... [1] qui eftoit bon que eulx mefmes les payent veu qui leur touche de fi près. Monfieur commandez moy voftre volunté & ny faultray de lacomplir dauffy bon cœur que me recommande a voftre bonne grace, fuppliant le Créateur

Monfieur, vous tenir en parfaicte fanté longue & heureufe vye. A Grandville ce xxvii<sup>e</sup> may.

     Voftre plus obeiffant preft a vous faire fervice,

Le Breul.

Signature autographe.

     Pour copie conforme,

G. Saige.

N° 5

*A Monfieur, Monfieur de Matignon gentilhomme ordinaire de la Chambre du Roy & fon lieutenant en Normandye en l'abfence de Monfieur le duc de Bouillon a Avranches* [2].

Monfieur incontenant vos lectres arrivées je les envoyay a levefque de Couftances avec ce que je luy efcript quil me mandaft fi luy envoyois des hommes, fi leur feroict bailler des vivres. Oultre, quil amaffaft plus de commune quil pourroict pour tenir pres de luy; felon quil me mandera je lui envoyray querir les har-

---

(1) Déchirure à l'original.

(2) Fonds de Matignon. Série J. Correspondance : lettres reçues de Jacques II de Matignon. 1<sup>er</sup> volume des lettres sans date. 28 mai 1562.

noys & auffy recouvrez quelques hommes fil eft poffible. Il me femble jufques ad ce que vous aiez ce que, pourrez de forces, que vous eftes beaucoup mieulx a Avranches que en lieu de ce pays. Auffy que jen actends nombre fabmedy fi ce que leur envoiray paroiftra. Je nay receu le double du mandement que monfieur d'Aumalle a envoyé de pardela. Lefdicts arquebufiers ne pourront eftre de pardela quil ne font fabmedy, anfi que cela fera fort parroiftre les gens de cheval parmi les harquebufiers. Monfieur vous me commanderez ce quil vous plaira je ne failleray de lacomplir dauffi bonne volunté que bien humblement me recommande a voftre bonne grace fuppliant le createur, Monfieur, vous tenir en parfaicte fanté longue & heureufe vye. A Grandville ce xxviii<sup>e</sup> may.

Voftre plus obeiffant pour jamais a vous faire fervice.

Le Brueul.

Signature seule autographe. Cette lettre est certainement de 1562 : à la date du 27 mai 1562 (1<sup>er</sup> volume) on trouve une lettre de Cossé, évêque de Coutances, absolument identique annonçant les lettres et paquets de du Breul.

Pour copie conforme,

G. Saige.

## N° 6

*A Monfieur, Monfieur de Matignon, gentilhomme ord<sup>re</sup> de la Chambre du Roy & fon lieutenant en Normandie en l'abfence de Monfeigneur le duc de Bouillon* [1].

Monfieur, Ambleville [2] prefent porteur f'en va devers vous pour vous faire efcorte. Il n'eft pour cefte heure que luy qua-

---

(1) Fonds de Matignon. Série J, Lettres adressées à Jacques II de Matignon. Vol. I. 2 juin 1562.

(2) Il y a deux villages d'Ambleville. L'un en Charente, l'autre en Seine-et-Oise. Nous ignorons quel était le seigneur d'Ambleville dont il est ici question.

trièfme de fouldarts. Il en vient d'aultres incontinent après : ledit
Ambleville eft fouldat de long temps. Jay opinion que fes cent
chevaulx que faictes levez feront ung grand fervice en ce bas
pais. Je feray la plus grand dilligence quil me fera poffible da-
maffer le refte. Je vous fuplie en attandant me commender voftre
volonté & me recommande tres humblement a voftre bonne
grace fuppliant le Créateur

Monfieur, vous donner en parfaicte fanté longue & heureuse
vye. De Granville te iie juing 1562.

Voftre plus obéiffant à vous faire fervice.

LE BREUL.

*Je vous avife que le predicateur n'eft en ce pais.*

Souscription et signature autographes.

Pour copie conforme,

G. SAIGE.


## N° 7


*A Monfieur, Monfieur de Matignon gentilhomme ord[re] de
la Chambre du Roy & fon lieutenant en Normandie en
l'abfence de Monfieur le duc de Bouillon* [1].


Monfieur, je receu la lectre que mavez efcripte & le gentilhomme que m'avez envoyé. Je mecteray la meilleure peine de le
bien garder quil me fera poffible, attendant voftre retour en ce
pais vous fuppliant mefcripre de vos nouvelles & me commander ce quil vous plaira de ne faillir de vous y obeir dauffy bonne
volunté que bien humblement me recommande a voftre bonne
grace, fuppliant le Créateur

(1) Fonds de Matignon. Série J. Lettres écrites à Jacques II de Matignon.
Vol I. 3 juin 1562.

Monſieur de vous tenir en parfaiĉte ſanté, longue & heureuſe vye. A Granville ce iiiᵉ juing.

Voſtre plus obeiſſant à vous faire ſervice,

Le Breul.

Signature autographe.

Pour copie conforme.

G. Saige.

## Nᵒ 8

*A Monſieur, Monſieur de Matignon, gentilhomme ordʳᵉ de la Chambre du Roy & ſon lieutenant en Normandie en l'abſence de M. le duc de Bouillon à Thorigny* [1].

Monſieur jay receu la leĉtre que mavez eſcripte & quant a Senaut [2] je vous puis aſſurer qui pert ſon temps de ce panſer ſauver car il en ſera gardé Dieu aydant. Je voudrays qui ſe fuſt advanſé de me offeriz de l'argent, car je vous aſſure que le feroys meĉtre en unne vieille tour ou il ſeroit faché. Croyez qui ſont apres Monſieur de Bouillon en tout leurs pouvoir. Monſieur je nay ſeu avoir ung liart du viconte de Couſtance. Jai ce jourduy parlé a ung marchant dudiĉt Couſtance qui a veu douze grands navires angloys pres du Conqueſt en Bretaingne armez au poſſible. Je croy que cela ne nous porte rien de bon. Jé fort peu trouvé des hommes; ſi eſſe que jay gens de tous coſtez. Monſieur d'Eſtampes faiĉt lever VI ou ſept mile hommes tant de pié que de cheval; je feroys fort comptant que feriez touſjours en ce bas pays. Commandez moy voſtre voulonté pour ne faillir de

(1) Fonds de Matignon. Série J. Lettres adressées à Jacques II de Matignon. Vol. I. 9 juin 1562.

(2) A la réflexion, et faute de trouver un Senaut, peut-être pourrait-on lire Senant??...

lacomplir dauſi bonne voullonté que humblement me recommande a voſtre bonne grace ſuppliant le créateur

Monſieur, vous tenir en parfaiɛte ſanté longue vie. A Grantville.

Voſtre plus obéiſſant à vous faire ſervice,

LE BREUL.

Commandez ſ'il vous pleſt au cappitaine La Viſte quil enrolle
ce qui trouvera.

Entièrement autographe.

Pour copie conforme,

G. SAIGE.

## Nº 9

*A Monſieur, Monſieur de Matignon gentilhomme ord^re de
la Chambre du Roy & ſon lieutenant en Normandie en
l'abſence de Monſieur le duc de Bouillon, à Thorigny[1].*

Monſieur, je ſuis ja ennuyé que nentendz de voz nouvelles
qui me font vous envoyer ce meſſaiger pour vous ſupplier de
men faire ſcavoir & faire entendre ſil vous plaiſt à Monſieur le
duc de Bouillon que je luy ay eſcript par troys foys depuis que
je ſuis en ce lieu & toufjours mes leɛtres deſtrouſſées aux portes
de Camp ou faulxbourgs avec eſtranges menaces. Monſieur je
ſuis de ceſt advis ſi le trouvez bon, que faiɛtes faire la monſtre
de ce quil y a darquebuſiers a cheval avec vous, & ce quil ſen
recouvrira plus que lon en vouldra parcequilz ſont incredulles
deſtre payez. Je ne ſache choſe qui merite vous eſcripre fors que
ne ſceu avoir reſponce du vicomte de Couſtances[2] touchant de

----

(1) Fonds de Matignon. Série J. Lettres adressées à Jacques II de Matignon. Vol. I. 11 juin 1562.

(2) Le vicomte de Couſtances. Magistrat d'ordre administratif qui présidait
à la vicomté de Coutances.

faire remonſter lartillerie, & quant a monition il y a neuf pipes de ciſtre & huit vingtz boiſſeaulx de bled qui ſeroit pour la nourriture de ceſte ville pour trois jours. Il n'y a ny lard ny bœuf. Je vous ſupplie humblement en advertir affin de me faire tant de bien que jen peuſe eſtre deſchargé ſ'il en advenoit inconvenient. Il ny a auſſi ny pis ny palles ne une ſeulle hotte[1]. Vous ſcavez par experience en quoy tout ce que deſſus conſiſte & en quel eſtat ſont les portes & harſſe, de ſorte que tout y eſt tres mal pour le ſervice du Roy, comme mieulx entendez, qui me gardera vous en faire aultre diſcours me recommandant bien humblement à voſtre bonne grâce ſuppliant le Créateur,

Monſieur, vous tenir en parfaicte ſanté & longue & heureuſe vye. A Grandville ce xiᵉ juing.

> Votre plus obeiſſant à vous faire ſervice,
>
> LE BREUL.

Je vous adviſe que Senaus eſt gardé de mieulx en mieulx.

Signature autographe.

> Pour copie conforme,
>
> G. SAIGE.

## Nº 10

*A Monſieur, Monſieur de Matignon gentilhomme ordᵉ de la Chambre du Roy & ſon lieutenant en Normandie en l'abſence de Monſieur le duc de Bouillon*[2].

Monſieur, jay receu ce ſoir vos lectres & veu que Monſeigneur le duc de Bouillon ne vient en ce lieu. Je luy ay eſcript des affaires de ceſte ville & comme par ci-devant je le avois

(1) Ni pics, ni pelles, ni hottes pour travailler aux fortifications.
(2) Fonds de Matignon. Série J. Lettres adreſsées à Jacques II de Matignon. Vol. I. 30 juin 1562.

adverty par deux lectres qui furent oftées à mes meffaigers, il vous plera luy faire entendre comme le tout y paffe & luy faire ordonner ce que bon vous femblera ainfi que lentendez. Monfieur de Kergouet Vauvert a efcript a mademoifelle de Tregoumar que monfeigneur d'Eftempes a efté adverty pour certain que les Anglois ont une armée fur la mer & quil delibere fen aller a Breftz avecq grandes forces & leffez monfieur de Martigues a Nantes. Il a faict ces jours paffes paiez dix ou douze compaignies de gens de pied & Monfieur du Guemadeuc qui eft cheix luy leve cent chevaulx legers. Ne demendez comme les armes fe remuent en Bretaigne; fil eft vray que lefdicts Angloix font armez, il eft bien requis donnez ordre en cefte cofte. Monfieur efperant vous veoir en bref ne vous feray plus long difcours fors me recommander humblement a voftre bonne grace, fuppliant le createur,

Monfieur, vous donner en parfaicte fanté longue & heureufe vye. De Grantville ce dernier jour de Jung 1562.

Voftre plus obeiffant a vous faire fervice

LE BREUL.

Signature autographe.

Pour copie conforme.

G. SAIGE.

## N° 11

*A Monfieur, Monfieur de Matignon gentilhomme ord^re de la Chambre du Roy & fon lieutenant general en Normandie en l'abfence de monfieur le duc de Bouillon à Lonrray* [1-2].

Monfieur jay receu les lectres que mavez efcriptes & veu le double de ce que le roy de Navarre vous a efcript; je trouve que

(1) Fonds de Matignon. Série J. Lettres adressées à Jacques II de Matignon. Vol. I. 20 juillet 1562.
(2) Lonray, château de Jacques de Matignon, près Alençon.

les chofes feront bien longues vu le remuement qui fe dreffe en ce quartier & lentreprinfe dreffee fur cefte ville dans quatre jours, où je pourvoiray le mieulx quil fera poffible pour en eftre adverty; ne vous attendez en tout ce pays de lever ung feul homme fi vous navez largent a la main & vous mefme eftre en quelque lieu en cedict pays pour y amaffer des forces. Jenvoiray vos lettres a mon frere La Touche. Je fcay quil y a trois mois quil a reffufé compaignye de monfieur d'Eftempes qui en faict encores de cefte heure lever par toute la Bretaigne a pied & a cheval, & font paiés a jour nommé, qui luy fera trouver des hommes tant quil vouldra parceque luy mefme difpofe des paye- mens. Il y avoit feize ou dix huict mil francs à Couftances qui ont été portés a Camp; fi vous euffiez fuivy voftre premiere entreprinfe vous euffiez efté affeuré refifter a vos voifins qui ont deliberé vous fafcher fils peuvent. Je vous efcriprois aultre chofe finon que je doubterois cefte prefente éftre prinfe par les chemins; que me garde de vous faire plus long difcours fors me recommander bien humblement a voftre bonne grace & fuplie le Createur,

Monfieur, vous tenir en parfaicte fanté longue & heureufe vye. A Grandville ce xxᵉ jour de juillet 1562.

Voftre plus obeiffant a vous faire fervice

Le Breul.

Monfieur je vous dys encores une foys que fi vous avez affi- gnation de vos deniers ceft le meilleur que Couftances, vous trouverez des hommes affez.

Je envoye ung homme vers le Roy de Navarre pour par- fournir une compaignie entière en ce lieu, puifque avez ce pou- voir den faire lever je fuis feur que me remettra a vous; fi vous le voullez que je la faffe complete vous en retirerez ce qu'il vous plaira quand vous en aurez affaire parceque fcavez quil eft plus que raifon qu'il y ait gens davantage en cedict lieu. Je fays monfter l'artillerie tant que je puys; vous en ordonnerez a

voſtre retour. Je me merveille que les gentilſhommes de ce
pays n'ont liberté & commandement de prendre les armes, ce
qu'ils ne feront sans cela ; il eſt requis que y venez en bref.

Signature autographe.

Pour copie conforme,

G. Saige.


## Nº 12.


*A Monſieur, Monſieur de Matignon lieutenant general en
Normandie pour le Roy en l'abſence de monſieur le duc de
Bouillon, à Cherbourg* [1].


Monſieur, jé touſjours attendu que meuſſiez envoyé ce que
mavez dernierement eſcript pour ſurvenir aux affaires de ceſte
place que ſcavez eſtre deſpourveue de toutes choſes. Et pour le
premier il y fault gens & vivres ; combien que jen amaſſe tant
que je puis mais il neſt poſſible de riens faire ſans argent. Je
envoiay pluſieurs fois vers le recepveur des décimes & y ay eſté
moy meſme, vous verrez la reſponce que depuis y eſtre allé a
envoyé a monſieur de Terſilly ; ſi eſt ce que jen ay eu de luy
en mobligeant le corps & les biens, me diſans tous en general
a Avranches quils navoient point veu vos leċtres du Roy &
quil n'eſtoit pas poſſible que vous euſſiez puiſſance d'ordonner
des deniers. Monſieur, il me ſemble que pour eſtre bien obey
envers telle canaille que cella, que leur debvez reſcrire une
bonne & forte leċtre. Voyant les affaires en tel point qui ſont
je fais mettre en ceſte place le plus de vivres que je puis, ſa-
cines & gabions, comme verrez quand y viendrez. Vous entendrez comme tous ceulx de ceſte bonne religion m'en veullent


(1) Fonds de Matignon. Série J. Lettres adreſſées à Jacques II de Matignon.
Vol. I. 14 août 1562.

ainfy que tous les jours jen fuis adverty & par ceulx de leur trouppe mefmes. Ils font tous les jours pour parachever de ruyner Couftances, tout ce qui leur eft poffible es environs. Monfieur je vous advife que fi monfieur le grand prieur & vous voullez refcripre à monfieur d'Eftampes, il vous envoyera partye de fes forces & vous en puys affurer & luy feray tenir voftre pacquet en toute diligence; il a dix mil hommes tant de pied que de cheval qui luy fervent de fort peu parceque en Bretaigne il n'y a une feulle fédition. Vous avez en cefte place pouldres & artillerye pour ruyner-cefte punaifye de Sainct Lô où tous les malfaicteurs fe retirent. Je vous fupplie me renvoyer foudain ce batteau avecques la refolution de voftre volunté & menvoyer par cedict bateau ce que mavez efcript pour payer les foldats qui font céans. Je feray fort content mais que fcache la verité de ce que lon dict en ce pays qui eft que vous eftes enfermé a Cherebourg par monfieur le duc de Bouillon. Je ne vous feray plus long difcours fors tres humblement me recommander a voftre bonne grace & fupplie le createur

Monfieur vous tenir en parfaicte fanté longue & heureufe vie. A Grandville ce 14ᵉ d'aouft 1562.

  Voftre plus obeiffant a vous faire fervice,

        Le Breul.


 Monfieur, fi vous mandiez au recepveur de Couftances quil euft à apporter fes deniers en cefte ville, fe vous feroit une grande force pour avoir de largent quand en auriez affaire.

Signature autographe.

  Pour copie conforme,

    G. Saige.

N° 13

*A Monſieur, Monſieur de Matignon lieutenant general pour*
*le Roy en Normandye à Bayeulx* [1].

Monſieur, je receu les lettres que m'avez eſcriptes & incontinant les avoir receues jé mandé querir le recepveur Say pour
donner conduicte de ſon argent, qui ne luy manquera eſcorte
quand il ſera preſt, combien quil y ayt icy ung commis de l'extraordinaire de la guerre & portant lettres du treſorier de l'Eſ-
pagne pour emporter ledict argent avec lettres de la Royne, ſi
eſt ce quil n'y aura faulte que au partyr de ce lieu ledict argent
n'aille la part (sic), la ou vous ferez, ce que javois délibéré par
avant les dictes lettres receues. Monſieur je ſuis bien en peine
pour vous que l'on ne vous ordonne argent pour payer les forces
qui vous demeurent, car je m'aſſeure que vous meſmes en eſtes
en peine, vous ſuppliant tres humblement donner ordre aux
cent hommes de ceſte place que y avez mis, & demandez au
cappitaine Clouet ſi je n'emprunctay cinq cens eſcuz au partyr de
Baieulx lune part avec luy. Monſieur je vous ſupplie avoir ſou-
venance des propos que vous teins a Baieulx touchant la deſ-
peſche de Sureſne [2] pour faire part a Monſieur de Ladventure que
maſſure que neſtès oncques gentilhomme plus voſtre ſerviteur
que ceſtuy la & voſtre pauvre parent. Et en attendant vous veoir
me commanderez ce quil vous plaira & pour ne faillir de laccomplir & d'auſſy bonne volunté que tres humblement me
recommande a voſtre bonne grace, ſuppliant le createur, Mon-

(1) Fonds de Matignon. Série J. Correspondance : lettres reçues de Jacques II
de Matignon. Vol. II. 6 novembre 1562.

(2) Claude de Gobé Sgr de Suresne prévôt de Normandie chevalier de
l'ordre du roi, maréchal de camp, appellé le Sr de Surosne par M. DUPONT.
(*Histoire du Cotentin.*)

fieur vous tenir en parfaicte fanté, longue & heureufe vie. A Granville ce fixieme de novembre 1562.

Voftre plus obeiffant à vous faire fervice.

LE BRUEUL.

Je ne fcache de nouveau en ce pays, fors que [1] Breffay & Sourdeval [2] fe font retirez en leurs maifons pour ne fcavoir plus ou aller ny prandre. Auffy font plufieurs autres.

Signature seule autographe.

Pour copie conforme,

G. SAIGE.

### N° 14

*A Monfieur, Monfieur de Matignon, gentilhomme ordinaire de la chambre du Roy & fon lieutenant en Normandie à Baieulx [3].*

Monfieur, jé receu les lettres quil vous a plus m'efcripre & entendu que le cappitaine Villermas & Surefne font de retour & quavez efte remis de vos affaires jufques au partir de Monfieur de Bouillon [4]. Il me femble quil eft long a partir, pour le moings je men enuye. Je neuffe failly de vous aller trouver fans que Monfieur d'Efguilly eft mallade. Monfieur le grand prieur m'en-

(1) Louis de Vassy Sgr de Bressey ou Brecey, compagnon de Montgommery dont il abandonna la cause plus tard. Il épousa en 1571 Françoise d'Amphernet. Son fils épousa Louise de Montgommery, petite-fille du fameux huguenot. Le Bressey dont il s'agit ici doit être plutôt Jacques d'Amphernet son beau-père, puisque nous sommes en 1562, et que Louis de Vassy n'était pas encore marié à l'héritière de Bressey. Il existe encore des représentants de cette illustre famille, connue depuis Guillaume le Conquérant.

(2) Il y a plusieurs seigneuries de Sourdeval en Normandie.

(3) Fonds de Matignon. Série J. Correspondance : lettres reçues de Jacques II de Matignon. Vol. II. 9 novembre 1562.

(4) Le duc de Bouillon partait pour la Cour.

voya devant hier demander efcorte; je luy ay envoyé le cappitaine La Vifte [1] avec ma compaignye maffurant que le trouverez bon. Plufieurs mont adverty qu'ils fe ramaffent encores quelques huguenots au devant de Mortain en la maifon de Breffé. Monfieur je vous fupplie me commander voftre volunté & je vous prometz ma foy de ne faillir de l'accomplir & dauffi bonne volunté que tres humblement me recommande a voftre bonne grace & fupplie le createur, Monfieur, vous tenir en parfaicte fanté longue & heureufe vie. A Granville ce IXᵉ de novembre 1562.

Voftre plus obeiffant a vous fere fervice,

LE BRUEUL.

Monfieur, je vous fupplie fi n'avez affaire du cappitaine La Vifte & foldats le renvoyer, & je yray fi le trouvez bon M. de Certilly, de Monceaulx & moy jufques a ce vaulx de Mortain veoir fi nous trouverions les compaignons & fil vous plaift que j'y aille leurs en efcripre ung mot audict Certilly & Monceaulx.

Signature seule autographe.

Pour copie conforme,

G. SAIGE.

## Nᵒ 15

*A Monfieur, Monfieur de Matignon gentilhomme ordinaire de la Chambre du Roy & fon lieutenant général en Normandye à Baieulx* [2].

Monfieur, il me tarde que je n'entends de vos nouvelles; je y fuffe allé moy mefmes mais il fe veoid journellement navires de

---

(1) Il faut très probablement lire Le Viste, et ce capitaine serait alors le fils d'Antoine Le Viste, président aux Grands Jours de Bretagne, 1534, et de Charlotte Briçonnet, ou tout au moins de sa famille. — Il en est souvent question dans ces lettres.

(2) Fonds de Matignon. Série J. Correspondance : lettres reçues de Jacques II de Matignon. Vol. II. 27 novembre 1562.

guerre le long de cefte cofte & auffy que les foldats font fi mal paiez que l'on fait a quoy fe tenir deulx car je vous promeétz que je y ai mis ce que jay peu fournir. Les cent d'hommes que vous avez mis ceans fen font prefque tous allez a Couftances & ailleurs où ils fcavent que lon paye, auffy ces arquebufiers à cheval font de jour en jour apres moy vivans par les champs, ce que entendez que ne ce peult faire fans defordre, vous fuppliant tres humblement monfieur y voulloir pourveoir. Il me femble que de cefte heure ils font une bonne trouppe. Je croy quand vous aurez penfé que ferventles gens de pied qui fe payent a Couftances, vous trouverez que ceft argent perdu : cella vous ferviroiét bien pour entretenir vos gens de guerre qui feroient fervice fi venoit une affaire, car il ny a un feul homme de faétion adiét Couftances, que quelques ungs qui font fortis de ceans qui eftoient d'affez bons hommes. Monfieur je vous fupplie me commander ce quil vous plaira par deça je ne falliray de laccomplir en rien & en ceft endroiét me recommande tres humblement a voftre bonne grace, fuppliant le createur, Monfieur, vous tenir en perfaiéte fanté longue & heureufe vie. A Grandville ce XVIIᵉ de novembre 1562.

Voftre plus affeétionné à vous fere fervice,

LE BRUEUL.

Les Huguenots levent loreille de tous coftés & que ceft a ce coup quils ont gaigné leur caufe [1].

Signature seule autographe.

Pour copie conforme,

G. SAIGE.

(1) Il faut probablement lire : « et *difent* que c'est à ce coup... »

## N° 16

*A Monfieur, Monfieur de Matignon gentilhomme ordinaire de la Chambre du Roy & fon lieutenant en Normandye à Baieulx* [1].

Monfieur, jé receu la lectre que mavez efcripte par Saint Jean prefent porteur & veu comment Monfieur de Bouillon fen revient à Cans. Je fcay bien quil ne menace ung peu & que vous eftes bien avant a la taille ad ce quil dict. Quand a moy il ne feraict que dire finon que je nay voullu faire prefcher en cefte ville felon quil mefcripvit de Cans du xxᵉ de may dernier & que jeuffe a faire vivre tous les habitans felon ledict de janvier; je luy mandé par Londel en voftre prefence que je n'en ferois rien & que je n'etois poinct envoyé à Grandville pour cefte affaire. Monfieur, il y a longtemps que je vous fuffe allé veoir n'euft été quil n'y a ung feul liard en cefte place. Il y a ci longtemps que merveille que je vous advife que incontinant que me manderez pour aller ou vous mavez efcript, je ne fauldray vous aller trouver & de vous faire compaignie là part (sic) ou il vous plaira. Je maffure que fil y a juftice au monde quil aura fort affaire à fe deffendre; touteffois jay entendu quil a efté tres bien venu [2]. Je vous fupplie humblement voulloir envoyer quelque peu dargent en cefte ville pour fatiffère a la refte des cent hommes que je y ay mis par voftre commandement. Monfieur en attendant vous veoir me commanderez ce quil vous

----

(1) Fonds de Matignon. Série J. Correspondance : lettres reçues de Jacques II de Matignon. Vol. II. 9 décembre 1562.

(2) Le Breul ne s'occupe pas beaucoup des transitions. Cette phrase ne se rapporte à rien de ce qui précède et répond à sa propre pensée, et à quelque affaire connue du Maréchal et de lui. Il est clair qu'il fait allusion au voyage que le duc de Bouillon, inquiet des dispositions de la cour à son égard, y avait fait au mois de novembre.

plaira pour ne faillir de laccomplir, me recommandant tres humblement a voftre bonne grace, fuppliant le createur, Monfieur vous tenir en parfaicte fanté longue & heureufe vie. De Grandville ce ixᵉ de décembre 1562.

Le Brueul.

Signature seule autographe.

Pour copie conforme,

G. Saige.

Nº 17

*A Monfieur, Monfieur de Matignon gentilhomme ordinaire de la Chambre du Roy & fon lieutenant en Normandye a Baieulx* [1].

Monfieur je fuis adverty qu'il ny a rien plus fur quil ne fe faffe en brief une defcente a la Bricquealeau ou Lingreville & ceulx qui le mont dict mont affuré que je n'en doubtaffe non plus que fi defjà je les voyois. Monfieur je vous fupplie faire ramener la couleuvrine a Sainct Lo qui ne fert de rien a Baieulx & fil vous plaift menvoyer une commiffion pour prendre des harnoys je feray ramener ladicte artillerye qui eft audict Sainct Lo, mais je vous promect que cella requiert dilligence. Auffy Monfieur, je vous veulx advertir que vous aurez lung de fes matins nouvelles que Monfieur de la Conelaye [2] fera demeuré audict Sainct Lo fans ung feul foldat fi vous ny pourvoyez, car

---

(1) Fonds de Matignon. Série J. Correspondance : lettres reçues de Jacques II de Matignon. Vol. II. 11 décembre 1562.

(2) Pierre Thomas (1534) fut capitaine de Dinan. Georges son fils, Sʳ de la Caulnelaye, épousa Mathurine de Vaunoise. Il fut gentilhomme de la Chambre, maréchal de camp et capitaine de cent hommes d'armes, puis député en 1588 des États de la noblesse de Bretagne pour aller aux États généraux. C'est évidemment lui dont il est question dans cette lettre.

jay parlé a plusieurs soldats qui me lont dict, regardez combien vous aimerez mieulx avoir perdu que cella adviendroit. Pour ce, Monsieur je vous supplie derechef pourveoir a tout. Si vous menvoyez ladicte commission je prandray des harnoys entre ledict Sainct Lo & Coustances & en rescripre aux officiers, vous plaise me mander briefve responce. Monsieur je croy questes bien adverty que le conte de Montgommery & Mongneville [1] sont a Londres; ledict Mongneville a escript en ce pais a de ses amys que lon ne le teint jamays pour homme de bien sil ne le voyent bientost bien accompaigné. De rechef tres humblement vous supplie que je recouvre lartillerie de ceans qui est inutille ou elle est & nul moyen de sen servir quand il viendroict affaire. Monsieur massurant que vous donnerez ordre ad ce que dessus ne vous feray plus long discours fors me recommander tres humblement a vostre bonne grace suppliant le Createur, Monsieur, vous tenir en parfaicte santé longue & heureuse vie. A Grandville ce XI<sup>e</sup> de decembre 1562.

> Vostre tres obeissant à vous faire service,

> > LE BRUEUL.

Jay mis peine de recouvrer la lectre dudict de Mongneville, mais il ne ma esté possible.

Signature seule autographe.

> Pour copie conforme,

> > G. SAIGE.

[1] Du Breil a écrit ici en effet Mongneville.

## N° 18

*A Monſieur, Monſieur de Matignon, Cappitaine de cinquante hommes d'armes des Ordonnances du Roy & ſon Lieutenant en Normandye*[1].

Monſieur, je ſuis adverty que le camp des Ennemis vient par deça apres avoir prins le chaſteau de Cans. Comme ſcavez vous mavez laiſſé ſans hommes ne moyen den avoir, car encores ſi peu que javois de reſte de mes arquebuſiers a cheval, ils diſent tous eſtre enroolés en voſtre compaignie & ſen vont de ca & la de tous coſtés; il m'eſt venu des hommes mais je ne les tiendray une heure ſils ne ſont paiez. Le treſorier qu'avez avecques vous & ung clerc qui avoit acouſtumé de paier en ce pais, il me ſemble quil debvoit bien demeurer icy pour fraier aux choſes neceſſaires. Monſieur vous ſcavez quil eſt temps d'emploier ſes forces, je vous ſupplie me mander ſi me voulez faire ſecourir de ce qui eſt neceſſaire pour la deffence de ceſte place, affin qu'il ne m'en advienne comme aux aultres, & vous ſupplie derechef me renvoier ce meſſaiger en dilligence. Vous les verez incontinant maiſtres de la campaigne de ce bas pais avec tous les deſordres du monde. Ad ce que jay entendu, monſieur de Longaulnay[2] na pas delibéré de prandre charge veu le temps qui court. Ce qui me faict vous eſcrire tout cecy ceſt que jeſpere ne vous reveoir de longtemps. Je penſe bien que le Gouverneur d'Avranches quiétera bientoſt ſa place. Le mont Sainct Michel ſen va le mieulx garny de gens que place de tout ce pais cy. Il

(1) Fonds de Matignon. Série J. Lettres adressées à Jacques II de Matignon. Vol. I. 7 mars 1562.

(2) Jean de Longaulnay, chev. de L'O. du roy, gentilhomme ordinaire de sa chambre, meſtre de camp d'infanterie, gouverneur des ville et château de Carentan, eut part à toutes les guerres de son temps, dit la Chesnaye des Bois. Il était Sgr de Dampierre et de Franqueville.

eſt vray que ce ne ſont des plus hardis. Je ne vous feray plus longue leĉtre fors me recommander bien humblement a voſtre bonne grace, ſuppliant le Créateur

Monſieur, vous maintenir en parfaiĉte ſanté & longue vie. A Grandville le viiᵉ de mars 1562.

> Voſtre plus obeiſſant a vous faire ſervice
>
> Le Breul.

Signature autographe.

Pour copie conforme,

G. Saige.

### Nº 19 [1]

Monſieur je receus hier la leĉtre que maves eſcripte que jay garde que perſonne nentendiſt le contenu, parcequil ne me fuſt demeuré ung ſeul homme : encores ay je fort affaire a les tenir; jen ay ce que jen auray. Je vous ſupplie donner ordre quils ſoient paiés. Ils ſont tous icy alentour; Montgommery eſt a Avranches, Mongneville eſt a Brehart. Ils menvoyerent lundi ſommer par Monſieur le Prince & monſieur ladmiral avec pluſieurs belles remonſtrances. Depuis ladiĉte ſommation tous les gentilſhommes de ce quartier ſe ſont evanouis. Monſieur je vous ſupplie encores de faire donner ordre que mes hommes ſoient paiés je vous diray mès que vous veoir (sic) ce que lon diĉt en ce pais publiquement gentilſhommes & aultres. Je maĉtends quils auront le mont Sainĉt Michel de bonne heure. Je nay que faire vous dire quil ſeroit requis pourveoir en ce quartier car vous ſcavez trop mieulx ce que avés affaire. Et en ceſt endroiĉt me recommande bien humblement a voſtre bonne grace priant Dieu

---

(1) Fonds de Matignon. Série J. Lettres adreſſées à Jacques II de Matignon. Vol. I. 9 mars 1562.

Monfieur, vous maintenir en parfaicte fanté & longue vie. A Grandville ce ixᵉ de mars 1562.

Voftre plus obeiffant a vous faire fervice

Le Breul.

Monfieur vous fcavez que ceft que dune place prefte à affieger & les frais quil en fault. Je vous euffe envoié le double des lettres de la Royne quil mande au general vous donner huict mil francs pour lever forces pour la deffence de ce bas pais; il ne vous ferviroient de rien par dela, & fe pourroient eftre perdues pour ce que les deniers font en cefte ville.

Signature autographe.

Pour copie conforme.

G. Saige.


## Nº 20


*A Monfieur, Monfieur de Matignon, cappitaine de cinquante hommes d'armes des ordonnances du Roy & fon lieutenant en Normandie, a Cherbourg* [1].


Monfieur jay receu ce jourdhuy vos lectres & toft apres jen ay receu que Sourdeval Rouffeville ma envoyez que la Royne vous efcript. Ledit Sourdeval mefcript que ladite dame luy mande fe mettre dedans Cherbourg ou Grandville. Je vous en laiffe penfer, Monfieur, je ne vous ferois que dire aultre chofe finon que toute la nobleffe & le peuple crient fur vous. Il ny a que deux cens beliftres dedans Avranches qui font aifes a rompre leurs teftes. Les huguenots ont efté donner une efcalade a Pontorfon qui ont

(1) Fonds de Matignon. Série J. Lettres adreffées à Jacques II de Matignon. Vol. I. 14 mars 1562.

efté tres bien frottez par quelques gentilfhommes de Bretaigne que vous entendrez qui y admenèrent deux cens paifans. Ung peu devant tous ces jours il eft forty vingt chevaulx de Rennes qui a toutes les fois en ont trouvé, tué & admené. Il y en a encores trois de prifonniers entre aultres un Anglois & aultres du pais. Je viens deftre adverty quils prindrent hier Vire. Si vous ne donnez ordre en ce pais de deçà je maffure que tout ira mal. Je vous envoye le double des lectres que Bezion me laiffa & fi me laiffa a vous dire que la Royne vous mandoict de rien efpargner pour fecourir ledict pais. Lon en perd quelquefois plus pour cent efcus que lon en recouvre pour cent mil. Je vous fupplie donner ordre que cefte garnifon foict paiée; les deniers font en cefte ville. La plus part des arquebufiers a cheval qui eftoient a Cans font revenus. Le cappitaine La Vifte fera demain icy qui eft en Bretaigne [1]..... plus que raifon quils foient paiés puifque le Roy l'entent. Monfieur je vous fupplie ne trouver mauvais que ayant eu voftre refponce je nenvoye ung gentilhomme à la court affin quil ne puiffent dire que ce foict faulte d'advertiffement. En ceft endroict feray fin me recommandant bien humblement a voftre bonne grâce fuppliant le Createur,

Monfieur, vous tenir en fanté & longue vie. A Grandville ce dimanche la nuict XIIIIe de mars 1562.

Voftre plus obeiffant à vous faire fervice,

LE BREUL.

Montgommery faict commandement a tous ceulx de la viconté d'Avranches d'apporter leurs roolles de receptes & les deniers quand & quand.

**Signature autographe.**

Pour copie conforme,

G. SAIGE.

(1) Déchirure à l'original.

### N° 21

*A Monſieur, Monſieur de Matignon, cappitaine de cinquante hommes d'armes des ordonnances du Roy & ſon lieutenant en Normandye* [1].

Monſieur, il y a quelques jours que voſtre recepveure de Matignon me apporta deux mil frans & premier que Blanchardiere arrivaſt en ce lieu je prins ſix cens frans de voſtre argent quil vous plaira de prandre & retenir ſur tout ce quil meſt deu & ſera, je vous envoye le double des lectres que jay receues de la Royne & de Monſieur le Cardinal de Guyſe que ledict Blanchardiere a veu loriginal. Monſieur il ſeroit temps de ſcavoir ſi lartillerye qui eſt a Sainct Lo vous ſera miſe entre les mains pour faire revenir celle de ceſte ville. Il me ſemble quils lont aſſez gardée & la garderont toujours ſi vous n'y pourvoyez. Je ne ſcay rien en ce pais qui merite vous en advertir fors que ceſt ung horreur du chair vivre quil y faict. Vous commanderez ce quil vous plaira pour ne faillir de laccomplir. Et en ceſt endroict me recommande bien humblement a voſtre bonne grace ſuppliant le createur Monſieur vous tenir en parfaicte ſanté & longue vye. A Grandville ce 16ᵉ de may 1563, voſtre plus obeiſſant à vous faire ſervice

Le Brueul.

Signature seule autographe.

Pour copie conforme,

G. Saige.

---

[1] Fonds de Matignon. Série J. Correspondance. Lettres reçues de Jacques II de Matignon. Vol. III. 16 mai 1563.

## N° 22

*A Monsieur, Monsieur de Matignon gentilhomme ordinaire de la Chambre du Roy & son lieutenant en Normandye en l'absence de Monsieur le Duc de Bouillon, à Avranches* [1].

Monsieur je memerveille fort que vos commissions ne sont avenues, parcequ'il se recouvre fort peu de gens sils ne voyent quelque commission. Jé gens de tous costés; j'espère que lundy prochain au plus tard vous iray trouver. Je vous supplie escripre a Monsieur de Guilly a Grandville & quil amasse ce qu'il pourra de gens & quil dye aux souldars de la place que leurs armes soient bien acoucheiz (sic) & surtout que vostre artillerye soict preste. Je massure que vous faictes provision de charroys & de tout ce que vous est mestier pour vostre voiaige, quelques vivres & pyonniers. Vous plaira me faire entendre bien au long de vos nouvelles. Je vous advise que les huguenots sont en nombre amassez aupres de Reines [2] qui nous font grand tort pour recouvrir hommes si est ce que on les a destroussez de casses de pistoles & harquebuses quils avoient cachées pres dudict Reines la ou debvoit estre leur rendez vous. Je ne vous feray plus long discours fors me recommander humblement a vostre bonne grace suppliant le createur Monsieur, vous tenir en perfaicte santé heureuse & longue vye & ce que desirez. Aux Hommeaulx ce jeudy XXIᵉ may. Vostre plus obeissant a vous faire service

LE BRUEUL.

Signature seule autographe.

Pour copie conforme,

G. SAIGE.

(1) Fonds de Matignon. Série J. Correspondance : lettres reçues de Jacques II de Matignon. Vol. III. 21 mai 1563.
(2) Probablement Rânes, près d'Argentan.

## N° 23

*A Monseigneur, Monseigneur de Matignon lieutenant &*
*gouverneur pour le Roy en Normandie* [1].

Monsieur, l'on faict dilligence de ce que lon peult pour re-
monter lartillerie ce que ma ésté commandé refervé les flafquez.
Le Maiftre qui vint merquedi en ce lieu par voftre commandement pour faire lefdictes flafquez ne trouva boys qui luy fuft
propre & me dift que fen retournoit a vous pour le vous faire
entendre & que en trouveroit vers Pontorfon apres avoir parlé
a vous pour en faire marché & qui les rendroict toutes prefte
en cefte ville fy vous plaifoit luy commander auquel je me fuys
atendu. Il ne refte que de largent pour payer les oupvriers &
boys que l'on a prins. Je féré entendre aux foldats ce que vous
plaift me commander. Je fupplie noftre feigneur, monfeigneur,
vous donner en fanté bonne & longue vie. De Grantville ce
XXII<sup>e</sup> de may.

Voftre humble obeyffant ferviteur,

DE S<sup>te</sup> MARIE.

Signature seule autographe.

Pour copie conforme,

G. SAIGE.

(1) Fonds de Matignon. Série J. Correspondance : lettres reçues de
Jacques II de Matignon. Vol. III. 22 mai 1563.

## N° 24

*A Monſieur, Monſieur de Matignon cappitaine de cinquante hommes d'armes des ordonnances du Roy & ſon lieutenant en Normandye la part ou il ſera* [1].

Monſieur, je reçeu hier une lectre de vous pour envoyer les ſoldats de Grandville. Je lay faict des le quinzieſme de ce mois fors les ſoixante hommes dordinaire, car des mortepaies je nen faicts nul eſtat. Mandez moy ſ'il vous plaiſt que jen envoye le reſte qui ſont leſdicts ſoixante hommes car je ne men ſoucie dun ſolz, vous ſuppliant me le faire bien entendre par voſtre lectre affin que en ſois deſchargé ſi inconvenient y arrive; auſſy bien y meurent ils de fin. Je ne vous feray plus longue lectre fors bien humblement me recommander a voſtre bonne grace ſuppliant le Createur, Monſieur, vous tenir en parfaicte ſanté & longue vie. Aux Hommeaulx ce xxiii<sup>e</sup> de may 1563. Voſtre plus obeiſſant a vous faire ſervice

Le Brueul.

Monſieur je vous aſſure que depuis que je ſuis dedans Grandville quil na jamais eſté de quinze jours en quinze jours que naye baillé argent aux ſoldats, qui est bien cauſe de ma grand ruyne : vous le pourrez entendre quand viendrez audict Grandville.

Signature seule autographe.

Pour copie conforme,

G. Saige.

---

(1) Fonds de Matignon. Série J. Correspondance : lettres reçues de Jacques II de Matignon. Vol. III. 23 mai 1563.

## N° 25

*A Monſieur, Monſieur de Matignon cappitaine de cinquante hommes d'armes des ordonnances du Roy & ſon lieutenant en Normandye a Cherbourg* [1].

Monſieur, hier eſtant de retour de ma maiſon, Monſieur d'Eſguilly me diſt que mavez envoyé des leĉtres avec commiſſion pour aller querir lartillerye à Sainĉt Lo. Vous entendez trop mieulx que telle marchandiſe ne ſe mene ſans argent. Monſieur d'Eſtampes vous eſcript une leĉtre que je vous envoye. Je renvoye vers lediĉt ſeigneur affin quil envoie hommes & de largent ſuyvant vos leĉtres que je nay pas encore veues par ce que lediĉt ſieur d'Eſguilly les a envoyés par ung autre chemin. Je ne fauldray daller a Sainĉt Lo & de faire ce que je pourray. Monſieur je ſuis emerveillé comme vous ne pourvoyez a garnir ceſte place d'hommes mieulx qu'elle n'eſt, aĉtendu la guerre quavez aux Anglois. Dimanche au ſoir il deſcendit des hommes qui la vindrent recongnoiſtre & les tiendrent en armes depuis le ſoir juſques au matin bien haulte heure comme vous dira Monſieur de la Menardiere preſent porteur. Monſieur je vous ſupplie me faire reſponce. Mondiĉt ſieur d'Eſtampes ma aſſuré quil ni a faulte que les Anglois ne facent preparatifs pour faire une deſcente; ſi viennent en ceſte place ils en auront bon compte eſtant garnye comme elle eſt car il ni a ne vivres ne gens. Je croy que jauré auſſy beau crier à ceſte heure comme les aultres fois. Je men rapporte a eulx ſilz ne veullent donner aultre ordre. Il navoiĉt poinĉt acouſtumé quand la guerre eſtoit aux Anglois qu'il ny eut touſjours quatre ou cinq cens hommes en ceſte ville garnye de vivres. De peur de vous importuner ne vous

(1) Fonds de Matignon. Série J. Correspondance. Lettres reçues de Jacques II de Matignon. Vol. III. 21 juillet 1563.

feray plus long difcours fors me recommander humblement a voftre bonne grace fuppliant le Createur Monfieur, vous tenir en parfaicte fanté & longue vie. A Grandville ce xxi<sup>e</sup> de juillet 1563.

Voftre obéiffant à vous faire fervice

Le Brueul.

La lectre de mondict fieur d'Eftampes eft demeuree chez moy, elle ne contient rien fors de vous prier luy faire ramener lartillerye en ce lieu & den faire les frais & qui les vous rendra. Je mande ce matin que la lon menvoiaft pour la vous envoyer. Hier tout le jour ce defcouvrit fix grands navires de guerre entre Garfay [1] & cefte ville. Il eft deu cinq mois aux foixante hommes de cefte garnifon. La Royne ma efcript par deux fois que les debvez faire paier des derniers arrierebans. Monfieur il vous plaira y donner ordre & afin que foiez rembourfé vous promectant que les pauvres hommes ont grand neceffité.

Signature seule autographe.

Pour copie conforme,

G. Saige.

N° 26

*A Monfieur, Monfieur de Matignon cappitaine de cinquante hommes d'armes des ordonnances du Roy & fon Lieutenant en Normandie là part où il fera* [2].

Monfieur je vous penfois allé trouver fi j'euffe trouvé la moindre compaignie du monde; mais je nay trouvé perfonne qui

(1) Jersey.

(2) Fonds de Matignon. Série J. Correspondance : lettres reçues de Jacques II de Matignon. Vol. III. 22 juillet 1563.

fuſt en diſpoſition d'aller a Sainct Lo & ſi mes chevaulx ne ſont icy & ſi né receuz vos lectres que lundi au ſoir. Vous direz ſil vous plaiſt au gentilhomme preſent porteur ce qu'il vous plaira car il eſt bien fidelle & ung homme de bien. Je receuz encores lundi lectres de Monſieur d'Eſtampes par leſquelles il me commande de rechef vous advertir quil vous prie fort affectueuſement que vous faictes admener lartillerye juſques en ce lieu. Quand a moi ſi javois quelqueſcorte je l'irois tres voluntiers quérir pour luy faire ſervice & a vous auſſi, mais je nay meſtier daller par pais ſans eſtre accompaigné comme vous dira cedict porteur. Monſieur vous avez monſieur de Gratot [1] qui eſt ſur les lieulx qui fera fort bien conduire ladicte artillerye. Vous me commanderez ce quil vous plaira pour ne faillir de l'accomplir & en ceſt endroict me recommande bien humblement a voſtre bonne grace ſuppliant le createur, Monſieur quil vous tiene en perfaicte ſanté heureuſe & longue vie. A Grandville ce xxii<sup>e</sup> de juillet 1563.

Voſtre plus humble ſerviteur a vous faire ſervice

Le Brueul.

Ce dict porteur vous dira choſe que ma mandé de bouche Monſieur d Eſtampes quil ne me pouvoit eſcripre. Monſieur je ſuis fort marry de quoy laiſſez perdre ce bois de navire qui eſt en ce lieu, car je vous advertis ſil paſſe cet hiver il ne vauldra jamais un liard.

Signature seule autographe.

Pour copie conforme,

G. Saige.

(1) Jean d'Argouges, fils de Gilles d'Argouges, seigneur de Gratot, et de Louise d'Augerville. (M. le Hardy.)

## N° 27

*A Monſieur, Monſieur du Breul gentilhomme ordinaire de la chambre du Roy cappitaine & gouverneur a Grand-ville* [1].

Monſieur nous avons reçeu voſtre leĉtre par laquelle nous mandez en vertu de la commiſſion a vous adreſſée par Monſeigneur de Matignon faire apporter de Sainĉt-Lo en la ville de Grantville lartillerie eſtante en icelle ville de Sainĉt Lo, nous ayons a tenir preſts dedans dimanche pluſieurs charettes & chevaux : laquelle commiſſion ne faiĉt aulcune mention de commandement a nous faiĉt, pour ce parquoy Monſieur attendu que lediĉt du Roy deffend de faire aulcun impoſts ou ſubſide ſur le peuple nous vous ſupplions nous excuſer du contenu en vos diĉtes leĉtres; faiſant fin Monſieur, priant Dieu vous maintenir en ſa grâce & nous donner le voſtre (sic). De Couſtances ce jeudy 23 de juillet 1563. Vos tres humbles & tres obéiſſants ſerviteurs.

Les officiers pour le Roy a Couſtances,

POTIER — SOULLAIT (?)

Signatures seules autographes.

Pour copie conforme,

G. SAIGE.

[1] Fonds de Matignon. Série J. Correspondance : lettres reçues de Jacques II de Matignon. Vol. III. 23 juillet 1563.

## N° 28

*A Monſieur, Monſieur de Matignon cappitaine de cinquante hommes darmes des ordonnances du Roy & ſon Lieutenant en Normandye, a Cherbourg* [1].

Monſieur, jenvoye ce meſſaiger expres par devers vous pour vous faire entendre que jeſperois eſtre dimanche au ſoir a Sainct-Lo pour obeir a voſtre commandement. Je envoyé voſtre commiſſion aux officiers de Couſtances, je vous envoye la reſponce quils mont faicte, car de faire venir charroys ſans eux il ny a ordre : vous en adviferez ce quil vous plaira. Il neſt poſſible quil face plus beau ladmener que a preſent & le plus toſt eſt bien le meilleur car faiſant ung jour de pluye ce ſeroict deux fois autant de travail. Monſieur, la Royne ma eſcript de Louviers que jeuſſe a faire bon guet & que jadvertiſſe tout icy alentour & quelle eſt advertye que les Anglois veullent faire une deſcente en ce pais, & auſſy quelle vous a eſcript que vous mectiez cent hommes en ceſte place. Je vous laiſſe penſer ſil y vient affaire ſi ceſt nombre ſuffiſant. Monſieur ceſt a vous a mener telles affaires parceque vous congnoiſſez les lieulx & eulx non. Vous en ferez ce quil vous plaira. Et en ceſt endroict preſenteray a voſtre bonne grace mes tres humbles recommandations ſuppliant le createur, Monſieur vous tenir en perfaicte ſanté & longue vie. A Grandville ce xxiii° de juillet 1563. Voſtre plus obeiſſant à vous faire ſervice

LE BRUEUL.

Quand a la compaignie de Villermaye elle n'eſt ou vous mavez eſcript car je y ay envoyé hier expres. Il y a a Genetz [2]

(1) Fonds de Matignon. Série J. Correspondance : lettres reçues de Jacques II de Matignon. Vol. III. 24 juillet 1563.
(2) Village de l'arrondissement d'Avranches.

un petit paillardeur qui eſtoit a vous à Vallongues qui deſtruiçt
& gaſte tout. Monſieur de la Coſte auroiçt auſſy bon meſtier
comme iceluy porteur le vous dira.

Signature seule autographe.

Pour copie conforme,

G. SAIGE.

## N° 29

*A Monſieur, Monſieur de Matignon cappitaine de cinquante
hommes darmes des ordonnances du Roy & ſon lieutenant
en Normandye a Couſtances* [1].

Monſieur je vous envoye Le Maiſtre pour faire voſtre gallion
du port de cinquante tonneaulx. Il vous fault encore force bois
& preſque toute la planche. Il fera ſcier ce qui luy fauldra de
bois & planche & admener avec luy ung petit bultin pour
prendre des harnois en payant raiſonnablement, en ſomme quil
vous rendra le gouvernat ferré preſt a greier de ſes mas & le
meſnaige de dedans qui emporte beaucoup. Vous ferez trouver
du fer en ceſte ville & bray, tare [2] ou eſtouppe de toute la reſte
de charpenterye quelle quelle ſoiçt; il demande cinq cens livres
tournois au dernier mot. Je vous aſſeure quil y a bien des jour-
nees & du travail, l'on trouvera de quoy le gréer a Sainçt Malo
de tout ce quil luy fauldra en trois heures & de cella je vous
en reponds. Il luy commencera dès demain ſil vous plaiſt quil y

---

(1) Fonds de Matignon. Série J. Correspondance : lettres reçues de Jacques II
de Matignon. Vol. III. 27 septembre 1563.

[Il n'est pas certain qu'à la première ligne Le Maiſtre soit un nom propre :
ce serait plutôt un titre de profession : — *le maiſtre charpentier*] *(Note de
M. Saige).*

(2) Bray : goudron pour calfater. — Tare : baril d'emballage.

befongne, & me vente quil fera preft pour le temps que fcavez
que jefpere quil gaignera bien fa faffon. Auffi jenvoye aux ifles,
comme me commanderez ce quil vous plaira pour ne faillir de
laccomplir. Et de ceft endroict me recommande bien humblement a voftre bonne grace fuppliant le créateur, Monfieur, vous
tenir en parfaicte fanté & longue vie. A Grandville ce xxvii<sup>e</sup> de
feptembre 1563.

> Voftre plus obeiffant a vous faire fervice,
>
> LE BRUEUL.

Il luy refte advancer la moictyé de fon argent pour faire tout
fon preparatif Monfieur foiez adverty quil ni a pièce de bois de
voftre navire quil ne paffe par les mains de voftre charpentier.

Signature seule autographe.

> Pour copie conforme,
>
> G. SAIGE.

## N° 30

*A Monfieur de Matignon chevalier de lordre du Roy cappi-
taine de cinquante hommes darmes de fes ordonnances &
lieutenant pour fa Majefté au gouvernement de Normandye* [1].

Monfieur de Matignon je vous envoye des lectres que le Roy
vous efcript pour rendre lartillerye que feu monfieur mon oncle
meyna en Normandye. Je vous prie me faire ce bien de me
mander quel moyen vous nous pouvez donner pour la faire
amener en ce pais & fi vous eftes dadvis quon la feift conduyre
a Grantville pour apres la faire venir avec cella qui eft audict
Grantville par mer jufques a Sainct-Malo le mander fil vous plaift

[1] Fonds de Matignon. Série J. Correspondance : lettres reçues de Jacques II
de Matignon. Vol. IV. 27 mai 1565.

au cappitaine Breuil afin quil advife a ce que de fa part il y pourra faire pour men advertir & que jenvoye quelques uns la pour ceft effeɗ & pour faire les fraiz. Il y a longuement que javois les leɗres du Roy, mais les chemyns eftoient trop mauvais pour penfer mener lartillerye par pais. Je vous prye me mander fur tout cecy voftre advis & en aɗendant je me recommanderay bien fort a voftre bonne grace & pryeray noftre Seigneur vous donner, Monfieur de Matignon bonne vye & longue. A Lamballe ce xxvii<sup>e</sup> jour de may 1565.

Voftre entierement meilleur & plus affeɗionné ami,

Bastien de Luxembourg [1].

Souscription et signature autographes.

    Pour copie conforme,

    G. Saige.


## N° 31


### *A Monfeigneur, Monfeigneur de Matignon a Lonrey* [2].


Monfeigneur quant a fe que je vous ey mandé par La Montagne il ny a rien fi vray; ils font dejà bien affemblez deulx cens chevaulx pour le certin a Ducey & fafemblent tous les jours avec armes de façon que jey efté adverty qui len vellent envoyer aulx village aupres qui viendront. Tout le bourc & la maifon de Ducey en eft plain. Le cappitaine Villarmois eft allé par devers vous lequel vous contera comme ilz vindrent hier deulx piftoliez de la maifon du conte de Montgommery nommez la Gandonniere & Lefmallou paffé davent ma garde fans leurs arefté & vindrent expres car ils ne farrefterent point & avois deliberé filz

---

(1) Sébastien de Luxembourg, vicomte de Martigues, puis duc de Penthièvre, fils de la sœur du duc d'Estampes, gouverneur de Bretagne en 1566.

(2) Fonds de Matignon. Série J. Correspondance : lettres reçues de Jacques II de Matignon. Vol. IV. 28 may 1565.

puyſſent trouver a propos de me tirer. Je ſortis dehors pour
aller apres mais ils ſe retirerent en grande diligenſſe. Le ſieur de
Saint-Quentin ariva hier bien avec quarante ou cinquante chevaulx & labé de Saint-Jehan arive aujourdhuy avec xxv ou xxx
chevaulx de ſorte qui font eſta de leurs aſſembler plus de quatre
cents de qoy ils font dejà bien deulx cents pour le moins & ay
ouy parlé de quelques filletz pour prendre des lous qui font eſtez
faiɛts en ceſte ville qui ſerviroiſt bien a faire des echelles de
cordes : jay adverty Monſieur du Breil & Monſieur du Coudrey
a Cherbourc & Monſieur d'Auſey a Pont dorſon en ſorte que
tout ce monde eſt tres vellé [éveillé]. Selon que je ſaray davantage je ne faillyrey de vous adverty. Je fais informé des deulx
piſtoliez & vous envoyré le double des informations. Sur ce
Monſeigneur je ſuplierey le createur vous advoir en ſa ſainte &
digne garde & vous donner tres heureuſe & tres longue vie.
D Avranche ce xxviii^me de may 1565.

Voſtre tres humble & tres oubeiſſent & vrais affeɛtioné cerviteur.

Du Deffend.

Entièrement autographe.

Pour copie conforme,

G. Saige.

N° 32

*A Monſieur, Monſieur de Matignon conte de Thoriny che-*
*valier de l'Ordre du Roy cappitaine de cinquante hommes*
*d'armes des ordonnances de Sa Majeſté & ſon Lieutenant*
*en Normandye à Thoriny* [1].

Monſieur je neuſſe falhy de vous aller trouver ſans le deccez
d'une bonne femme de maire que javez & ne feray faulte de ce

(1) Fonds de Matignon. Série J. Correspondance : lettres reçues de Jacques II
de Matignon. Vol. I des lettres sans date. 16 avril [1566?]

faire incontinant que jauray faict fon obfeque. On ma dict que deliberez de paffer en Bretagne; Monfieur je vous fupplye de prendre voftre lougis en une pouvre caffine que jay fur le chemin & me mandez fil vous plaift par ce pourteur quant quel temps fe pourra eftre. Monfieur les pouvres mortepayes mont prié vous fupplier quils foient payés de la monftre quil ont faicte il y a deux moys; les pouvres hommes a jamais prieront pour voftre profperité. Je vous promeftz ma foy que la plus part meurt de fain. Il vous plaira en atendant que vous voye me commender ce quil vous plaira pour ne falhir de lacomplir & en ceft endroit me recommande tres humblement a voftre bonne graffe & fupplier le createur

Monfieur vous maintenir en fa fainte garde heureufe & longue vie. A Grandville ce xvi<sup>e</sup> d'apvril.

Votre humble & obeiffant ferviteur

LE BRUEUL.

Souscription et signature autographes.

Pour copie conforme,

G. SAIGE.

Cette lettre est postérieure à septembre 1565. Matignon y est qualifié comte de Thorigny et l'érection de cette baronnie en comté est de septembre 1565.

# VIII

*Le duc d'Eftampes Comte de Painthièvre, Ch<sup>r</sup> de Lordre Gouverneur & Lieutenant G<sup>nal</sup> pour le Roy en Bretaigne.*

Au fieur du Breil gentilhomme ord<sup>re</sup> de la Chambre du Roy, Pour ce que par commandement & ordonnance de Sad. Maj<sup>té</sup> & pour la réduction de quelques places de la Baffe Normandye en fon obeyffance, il fut au moys de feptembre dernier paffé conduit & mené quelque nombre d'artillerye de céans jufques en la ville de Sᵗ Lo aud. pays de Normendye dont y en avoit de la ville de Rennes, lefquelles eftant de préfent requis & neceffaire pour le fervice de Sad. Majᵗᵉ & deffence du pays retirer & ramener dud. Sᵗ Lô pour les remettre en leurs places & rendre en lad. ville de Rennes; & pour ce fayre prendre jufques au nombre de cinqᵗᵉ chevaux & charois requis : Nous a plaine confiance de vos bons fens vaillance preudhommye experience & bonne diligence vous avons commis & député & par ces prefentes fignées de notre main commettons ordonnons & députons pour faire ramener & feurement conduire lefd. deux pièces d'artillerye jufques en lad. ville de Rennes avec pouvoir & aucttᵉ de prendre partout en nᵣᵉ gouvernement ou befoing fera jusques au nombre de cinqᵗᵉ chevaux avec les harnoys, charroys, & autres chofes néceffaires pour lad. voyture en payant rayfonnablement : mandant & commandant à tous Capⁿᵉˢ des villes, Jufticiers & officiers de Sa Majᵗᵉ chacun endroit foy vous donner en l'execuõn de la pñte commiffion tout le confeil renfort & ayde qui vous fera befoing tant à vous bailler & adminiftrer lefd. chevaux harnoys & charroys & autres chofes neceffayres que de prifons fi meftier eft & par vous requis en font. Fait à Lamballe le xxɪɪɪᵉ jour de Juillet mil cinq cent foixante trois.

JEHAN Cᵗᵉ d'Eftampes.

Sceau.

Par mondiᢉ feigneur duc & conte Gouverneur & Lieutenant General

FOURNIER.

# IX

## *Les Toilettes de Madame de Tréal.*

Il est à remarquer qu'à la vente publique qui fut faite à Dinan de tous ces meubles, Madame de Tréal étant encore vivante, tous les grands seigneurs du pays n'y regardèrent point à acheter pour leurs femmes, les propres habillements de la veuve. Il est vrai qu'elle avait renoncé à la communauté, mais de nos jours, les habillements personnels sont exceptés de la liquidation, et ce devait être quelquefois assez piquant pour une grande dame d'être exposée à revoir ses robes sur le dos d'une autre.

1° Une robe de damas blanc à manches figurées accouſtrée de panne de ſoye cramouezie.

2° Une aultre robe de damas blanc, o les parements de manches de ſatin cramouezi, accouſtree de panne de ſoie.

3° Aultre robe de taffetas cramouezi accouſtrée de paſſements d'or.

4° Une robe de velours viollet cramouezi à un ger (ſic) dermynes pour paſſement.

5° Une robe de velours noir bordée de paſſement cramouezi accouſtrée de fil d'or.

6° Un davant de velouxs blanc à fons de ſatin orange, o ſes manches. (Racheté par la veuve.)

7° Un davant de ſatin cramouezi affleuré o ſes manches vendu au ſieur de La Caulnaye (Caulnelaye).

8° Des manches de velouxs vert & le davant de même.

9° Un davant de ſatin blanc brodé d'argent.

10° Un davant de ſatin cramouezi a cordon d'argent, des bracières de veloux blanc a fond de ſatin accouſtrées de paſſement d'argent, autres pougnées de fil d'or ſur ſatin cramouezi, un davant & manches de veloux cramouezi à gros cordons d'argent, etc.....

On ne pouvait avoir tant de beaux habits sans s'endetter un peu. Aussi nous lisons ensuite :

Les biens cy après vanduz ont été randuz par André Provoſt, & des manches d'ermynes oultre qui lui avoient eſté baillées en gaige d'argent que lui debvoit lediɛt feu Nouël de Tréal *de quoy il ſera payé ſur la vante d'iceulx.*

Et alors recommence une autre énumération de ces brillants costumes, baillés en gages, parmi lesquels ceux de Noël de Tréal !

Si des habits, nous passons à l'ameublement, nous le trouverons non moins magnifique :

Une pièce feulle de tappicerye avec la *figure du Roy.*

Un feye de liɛt de toille d'argent fleuré d'or partye de veloux, à broderye d'argent avec les rideaulx de damas incarnat & blanc.

Aultre à fond de ſatin jaulne à broderye de velourx viollet o ſes rideaux de taffetas jaulne & viollet.

Aultre feye de liɛt de velouxs noir & ſatin cramouezi & ſes rideaulx de taffetas noir & rouge.

Aultre de veloux bleu a fons de ſatin o les rideaulx de damas viollet.

Aultre de veloux rouge bordé d'argent garni de rideaux en taffetas rouge.

*Deux autres de même,* vendus à Madame du Breil.

Et nous passons sous silence pour abréger, les « tapis venus de Flandres » les tours de lit de velours vert, orange, les colletz pour femme brodés d'or & d'argent, etc.....

### *Les Toilettes de Madame de La Roche.*

A la mort du capitaine la Roche en 1576 il fut fait un inventaire des meubles de la Roche-Colombière,

où nous retrouvons les mêmes lits de damas blanc et
rouge, le damas caffart jeaulne et rouge, les « tappis
velus en fazon de Turquie, » enfin les « accouftre-
ments de femme » qu'on pourra comparer avec ceux
de madame de Tréal :

1° Une grande robe à queue de velours noir chamaré manches & tout, de paffement d'or endantelé de deux cotés.

2° Une aultre robe de velour noir acouftré de paffemant d'or
en guypure, de paffement de farge, enchamarrée manches &
tout.

3° Une aultre robbe de velour noir acouftrée d'un petit queu-
roit de foye noire. —

4° Une aultre robbe de velour viollet à grandes manches. —

5° Une robbe de fattin noir chamarrée manches & tout de
paffement de foye noire & ledict fattin defcoupé fur taffetays. —

6° Un cotillon de damart jaulne bandé de velour viollet a
fond de fatin.

7° Un devant de cotte de velours viollet à fons de fatin *(ce
velours sur satin est ce que nous appelons velours de Gênes),* un aultre
de velour jaulne, une autre de fattin blancq effleuré & defcoupé
fur locque d'argent. —

Enfin les deux derniers qui devaient être bien
beaux, mais qui prouvent que madame de la Roche
ne redoutait pas les couleurs :

8° Ungn cottillon de taffetays viollet chenillé, rayé de blanc,
accouftré de troys bandes de velours orange defcouppé fur fattin
blanc & enrichy de petit paffemant d'argent.

Aultre cottillon de efcarlatte viollet accouftré de deux bandes
& deux bordz de velour blancq defcouppé & enrichy de paffemant d'or, & au bord defdictes bandes y a du taffetays jeaulne.

# X

## *17 août 1568 : Lettre du Roy envoyée au feu S<sup>r</sup> de la Roche Colombière.*

Monf<sup>r</sup> de La Roche pour vos vertus vaillance & mérites vous avez efté choify & efleu par l'affemblée des Chevalliers frères & Compagnons de lordre Monf<sup>r</sup> S<sup>t</sup> Michel pour eftre affocié à lad. Compaignie pour laquelle election vous notiffier & vous pñter de ma part le collier..... fy vous lavez agréable, j'anvoye pñtement memoyre & pouvoir à M. le duc de Montpenfier vous priant Mons de La Roche vous..... devers luy põr ceft ef- feĉt & eftre contant d'accepter l'honneur que je vous defire faire &..... qui fera pour augmenter de plus en plus..... de bonne vollonté que je vous porte & vous donner occaõn de..... la dé- votion quavez de me faire fervice ainfy que vous fera plus..... <sup>(1)</sup> entendre de ma part mond. coufin auquel je vous prie adjoufter autant de foy que vous feriez à moy mefme, priant Dieu Monf<sup>r</sup> de La Roche vous avoir en fa gardé. Efcript à Paris ce 17<sup>e</sup> jõr d'aõt mil cinq cent foixante huiĉt.

CHARLES.

DE NEUFVILLE.

Monf. de La Roche gouverneur des Ifles de Chaufey.

---

# XI

## *Lettre de M. du Guemadeuc.*

Monf<sup>r</sup> mon coufin jay receu ce jour vr̃e lettre par la ou vous me dites que madame de Martygues me doit avoyr efcrypt pour

---

(1) Il y a quelques déchirures dans l'original.

fans ecus (cent ecus) quelle vous doit. Je n'ay point eu de commandement d'elle pour fet effect, auffy quelle fet byen que je n'ay touché nulz denyers pour elle. Toutes fes terres font à ferme & comme les termes echeus elle anvoye homme pour prandre fes deniers quy ne font que paffer par devant moy, vous affurant bien que fy je pouvoys an fela voire an meylleure chofe, je vous y voudrois fervir d'auffy bonne afection comme je me vois humblement recomânder a vos bonnes graffes priant Dieu

Monfieur mon coufin quil vous doint heureufe & longue vie. A la ville Nihon ce xxiii jour de may 1574.

     Voftre obeiffant coufin & ferviable amy

(Autog.)
                    Louys de Guemadeuc.

Au dos : Monfr mon coufin Monf. du Breil Chevalier de lordre du Roy aux Hommeaux.

       (De Mr du Guemadeuc.)


## *Lettre de M. du Bordaige.*


Monfieur mon coufin je vous avois efcript & prie par cidavent que võ m'euffiez faict ce bien de me payer ce que vr̃e neveu Monfieur de La Vanture me doit, à quoy me fiftes refponce des le viie de nobre que donneriez ordre de vendre de la terre de facon qu'en brief je ferois fatiffait; je vous fuplie de rechef de ce faire & m'efcrire le jour que nous pourrons afcembler pour recevoir mes deniers dont je fuis fort preffé dailleurs. Il n'eft befoin de võs arrefter aux paroles de vr̃e coufin & alié qui ne peult en cela rien pour fon coufin que de payer en privé nom. L'efpérance que jay que bientoft me payerez cefte dette m'empefchera allonger cet efcrit que de mes humbles recommandaõns à vr̃e bonne grace. Je prie Dieu

Monſ᷑ mon couſin vōs donner en bonne ſanté très heureuſe
& longue vie. Au Bordage ce 6ᵐᵉ jour de janvier 1571.

*(Autog.)* Vʳᵉ humble couſin à vous fʳᵉ ſervice

Bordaige [1].

Au dos. Monſieur mon couſin Monſ᷑ du Breil Chlᵉʳ de Lordre
du roy Cappⁿᵉ de cinqᵗᵉ hommes d'armes de ſes ordonn.

François du Breil ne put faire payer son neveu,
paraît-il, et M. du Bordage fut obligé de réclamer
souvent son argent, mais il y mettait des formes :

## Lettre de M. du Bordaige.

Monſieur mon couſin je vous envoye pour la *quatrieſme fois* ce
porteur vous priant me mettre à mon aiſe de la dette que me
doit vʳᵉ neveu Monſieur de La Venture [2] il y a ſix ans paſſés. Si
vōs plaiſt avoir lavis des parens dud. mineur vous en ferez une
reſolution & ſils trouvent bon que je ſoye payé le ferez decreter
devant messieurs les Juges de Dinan. Et pour mon regard jen
paſſeray avec vře advis & de Monſieur de la Varenne, & y
adiouſterons ſi le trouvez bon Monſ᷑ de Pontbriand qui eſt parent & amy comũn. Monſieur de La Belinaye veult bien acheter
ſubminōtté [3] & ſans raquès daultant quil baille de la terre en
eſchange. Quand a moy pluſtoſt que je m'en ſorte je la prendray aud. condition qui ne ſoit par trop longue. Je n'alongeray

---

(1) René de Montbourcher Sᵍʳ du Bordage, Champagné, St-Amadour,
St-Gilles, Chev. de l'O. du Roi, Gentilh. ordʳᵉ de ſa Chambre, Capne de 50 h.
d'a., epx de Françoiſe de Montbourcher.

(2) Christophe de Tréal, Sᵍʳ de Beaubois et Laventure, épousa plus tard
Françoise du Quellence.

(3) C'est-à-dire acheter un bien de mineur, et sans condition de réméré.

cette l^tre que de mes humbles recomm͠dons à v^re bonne grace. Je prie Dieu

Monſ^r mon couſin võs donner en bonne ſanté, heureuſe & longue vie. Au Bordage ce 6^e jour de mars 1571.

*(Autog.)* V^re humble couſin à vous f^re ſervice.

         BORDAIGE.

Au dos. Monſieur mon couſin Monſ^r du Breil Chl^er de lordre du Roy & Capp^no de cinq^te hoͫ de ſes ordonnances.

           Cachet.

Lettre du Bordaige.


## *Lettre de M. de La Mouſſaye.*


Monſieur mon couſin jay eſte fort ayſe dentendre de v^re reſconvalleſcence de malladye & pour en eſtre plus certain jenvoye ce porteur vers vous pour men rapporter & par luy vous faire offre de tout ce qui ſera jammais en mon pouvoir. *Puis q. trouveʒ bon que mon frère La Touſche aille au ſiege de La Rochelle* comme jay veu par une l^re quil ma apportée de v͠re part, j'ay mandé à mon recepveur de Thouraulde de luy bailler de largent eſtant bien mary que je n'ay la commodité deſtre hors dicy pour luy f^re myeulx & ſellon ma bonne vollonté. Ne vous faiſant plus longue l^tre je ſallueray vos bonnes graces de mes plus affectionnées & humbles recommandaõns & ſupplye Dieu

Monſieur mon Couſin vous donner en parfaicte ſanté longue & heureuſe vye. A Rennes ce vii^e de febv. 1573.

*(Autog.)* V^re plus obayſſant & ſerviable couſin

        LAMOUSSAYE [1].


(1) Amaury de Goyon baron de la Mouſſaye Sgr de Touraude Chev. de l'O. du roy Capne de 50 hommes d'armes. ep. 1º Cath. de Guemadeuc, 2º Claude d'Acigné.

Au dos. Monfieur mon coufin monfieur du Breil, Chl<sup>er</sup> de lordre du Roy.

De Monfieur de La Mouffaye.

# XII

**Registres secrets du Parlement. — *Édit d'éreƈtion en tiltre de Baronnye des terres & feigneuries des Oumeaulx, du Rocher, du Pieffix Sen<sup>al</sup> avec les fiefs de S<sup>t</sup>-Georges, Montrouault, & Largay p<sup>r</sup> Meffire Francoys du Breil.***

Henry par la grace de Dieu, roy de France et de Poullongue à tous pñs & à venir falut :

Comme nos prédéceffeurs roys d'heureufe & louable mémoire que Dieu abfolve, confidérans combien la renumeraõn & recongnoiffance de ceulx qui avoient méritté d'eulx & de la chofe publicque de leur royaulme & pais de leur obeiffance, pouvoir, profidtz au bien, augmentaõn grandeur & confervaõn de leur eftat, euffent de tout temps accou<sup>mé</sup> non feulement par leurs libéralitez & bien faiƈtz gratifier, mais auffy eflever en haultz dégrez, eftatz, honneurs, tiltres & dignitez & les perfonnes vertueufes & qui fe feront employés en leurs fervices ou à la chofe publicque, congnoiffans que telle retribuõn d'honneur n'eftoit feullement pour contenir leurs ferviteurs & miniftres en leurs premiers bons offices & encores les inciter à faire de bien mieulx, mais auffy appeller les auẽs grands & vertueux perfonnaiges à faire le femblable, en quoy nous defirons bien imiter nos diƈtz prédeceffeurs & donner à congnoiftre par effeƈt l'envye que nous avons de recompanfer & rémunerer nos bons & loyaulx ferviteurs & iceulx exalter en dignitez, tiltres, prérogatives & tous droiƈts afferans à leurs vertuz & mérites, à ce quils & leurs fucceffeurs refplendiffent en honneurs & décora-

tions dont il foit mémoire perpétuelle à toufiours : Scavoir fai-
fons que nous ayans mis en confideraõn les bons & vertueux &
recommandables fervices que nře amé & féal M^re *François du
Breil,* fieur dud. lieu des Hommeaulx, du Rocher, le Pleffis Senéchal, ch^er de n^re ordre, gentilhomme ordinaire de n^re
chambre & cap^ne de cinquante hommes d'armes de nos ordonnances, a faiȼtz tant à nos prédéceffeurs roys, ayeul, père &
frères que Dieu abfolve, faiȼt & continue encor chacun jour
fans y efpargner auchunement fes moyens facultéz & perfonnes,
qui meritte que nous en ayons luy & les fiens en fingulière recommandaõn, & eftans bien & duement advertis des moiens &
facultez quil a d'entretenir eftats & dignitez convenables à fefd.
vertuz & merites efquelz nous defirons l'exalter pour faire congnoiftre à fa pofteritté par accroiffement & augmentaõn de foy
& feigneurye de combien deformais nous ont efté agreables, &
que fefd. terres & feigneuryes des Hommeaulx enfemble celle
du Rocher & Pleffis Senéchal a luy appartenans à caufe de
dame Louyfe Le Senéchal fa femme font antiennes de grandes
eftandues & bon revenu defquelles font tenuz plufieurs fieffs &
anien fieffs : Pour ces caufes & auȇs bonnes, juftes & raifon-
nables confideraõns à ce nous mouvans, avons créé, erigé &
eflevé de n^re propre mouvement, certaine fcience grace & libé-
ralité fpȇalle plaine puiffance & auȼté royale, créons, érigeons
& eflevons par ces pȗtes fignées de n^re main en nom, tiltre,
dignitté & préeminance de Baronnye lefd. terres & feigneuryes
des Hommeaulx, du Rocher & Pleffis Sen^al, avecq les fieffs
de Sainȼt Georges Monrouault & Lergay qui f'eftendent fcavoir :
eft les Hommeaux S^t George & Monrouault ès Paroiffes de
Sainȼt-Brofadre, Chefrues, Mondol, Bacquez Morvan, Pican, La
Bouffac, Sainȼt Marcan, Roz, Plainefougère, La Frefnays; &
lefdiȼtes terres du Rocher & Pleffiz Sénéchal ès paroiffes de
S^t Brice (Coglès), Sainȼt Marc, S^t Eftienne, S^t Germain, La
Selle, Montour, Collès & auȇs paroiffes circonvoifines des diȼtes
terres afifes en nos pays & duché de Bretaigne, tenues & mou-

vans affavoir : Icelles terres des Hommeaulx S$^t$ George Monrouault des S$^{rs}$ evefques de Dol & Couafquen; & les diɔtes terres du Rocher & Pleffiz Sen$^{al}$ de la Barronnye de Foulgères & du S$^r$ de S$^t$ Brice, pour en jouir & ufer par led. S$^{gr}$ du Breil & fad. femme leurs hoirs fucceffeurs & ayans caufe tant mafles que femelles plainement & paifiblement audiɔt tiltre d'honneur & prérogatives de Barronnye; & que, au furplus ils foient tenuz cenfés reputés & appellez tant en jugement que dehors Barrons des Hommeaulx & du Rocher Sen$^{al}$, & en jouiffent & ufent a pareils droiɔtz de nobleffe auɔtés, prérogatives, previllaiges & préeminences comme jouiffent & ufent & ont accou$^{mé}$ de jouir & ufer les auɛs Barrons de nofd. païs & duché de Bretaigne; Ainfy que tous leurs vaffaulx & auɛs gens de qualité & condõn quils foient tenans & noblement ou roturièrement defd. Barronnyes des Hommeaux & du Rocher quant ils feront dorefnavant leurs hommaiges & bailleront leurs denombremͪts en advenir auxd. f$^{rs}$ du Breil fad. femme ou à leurfd. fucceffeurs, les facent & baillent au non de Barron, & famblablement leurs aultres aɔtes & recongnoiffances : les reputtans & appelans Barons dicelles barronnyes defd. Hommeaulx & du Rocher Sénéchal, voulans qu'en icelle lefd. f$^{rs}$ du Breil & fad. femme ayent tout droiɔt de juftice haulte moyenne & baffe; laquelle nous y eftabliffons, donnons, oɔtroyons, & delaiffons à icelluy f$^r$ du Breil & fad. femme leurs hoirs fucceffeurs & ayans caufe avec les profitz & efmolumens qui en dépandent, à quelque fomme valleur ou eftimaõn quils foint ou fe puiffent monter; pour icelle juftice eftre exercée par les officiers que lefd. f$^{rs}$ du Breil & fad. femme y commettront & inftituront, qui cougnoiftront des caufes & differandz d'entre leurs vaffaulz & fubjeɔtz fors & excepté des cas royaulx dont la cougnoiffance apartient à noz juges; tout auffy & en la forme & manière que font les auɛs officiers des Barronnyes de nred. païs & duché de Bretaigne, à la charge touteffois que les appellaõns & contrediɔtz defd. Barronnyes des Hommeaulx & du Rocher Sen$^{al}$ refortiront par

davant lefd. juges ou ils avoient accouftumé de refortir de tout
temps & antienneté; & d'aultant que nous avons été advertiz
du bon voulloir & grand defir que led. fr du Breil & fad. femme
ont d'augmanter & accroiftre les revenus defd. Barronnyes &
des Hommeaulx & du Rocher, a iceux avons permis & octroyé
permettons & octroyons par ces pñtes & leur avons donné &
donnons plain pouvoir & à leurfd. fuccefleurs & ayans caufe
dacroiftre & augmanter le revenu defd. Barronnyes; & pour ceft
effect achepter, acquerir efchanger ou autrement acquetz, terres,
feigneuries, fieffs arrière-fief & auẽs heritaiges proches & ès environs dicelles barronnyes; & lefquelles acquifitions nous avons
dès à pñt comme pour lors & dès lors comme dès a pñt joinctes,
unyes & incorporées, joignons uniffons & incorporons aufd. Barronnyes des Hommeaulx & du Rocher Senᵃˡ. Cy donnons en
mandement par les mefmes pñtes à nos amés & féaux les gens
tenans nře court de Parlement & chambre de nos comptes en
Bretaigne, & hors la fceance dicelle court aux gens tenans la
chambre criminelle ordonnée au temps des Vacaõns, Sénéchaux
de Rennes & Foulgères & à tous nos auẽs jufticiers & officiers
ou à leurs lieutenans & chũn d'eulx fy comme à luy apartiendra,
que de nřᵉ pñte creaõn & erection de Barronnye enfemble de tout
le contenu cy deffus ils facent, fouffrent & laiffent led. fr du Breil
& fad. femme leurs hoirs fuccefleurs & ayans caulfe jouir & ufer
plainement & paifiblement perpétuellement & à toufiours fans
en ce leur eftre faict ne fouffrir leur eftre faict mis ou donné
auchun trouble ou empefchemant : au contraire lefquelz fy faictz
mis ou donnez leur avoient efté ou eftoient, les facent, mettent,
ou facent mettre incontinent & fans delay en plaine & enthiere
delivrance & au premier eftat & deub : Car tel eft nre plaifir :
nonobftant quelzconques edictz ordonnances & lřes à ce contřes
auzquelles & aux dérogatoires des dérogatoires y contenues,
nous avons dérogé & dérogeons par ces pñtes & affin que ce
foit chofe ferme & ftable a toufiours nous avons faict mettre
nře fcel à cefd. pñtes fauff en auẽs chofe nře droit & l'aultruy

en toutes. — Donné à Paris au mois d'aougſt l'an de grace mil cinq cens ſoixante quinze & de nre regne le deuzme. Ainſin ſigné Henry & ſur le reply, par le roy : Brulart & a coſté : viſa Contanton de Verton & ſcellé du grand ſeau en cire verd pandant à lacz de ſoye rouge & verd.

*(Registres secrets du Parlement). Pr M. du Rocher Portal :*
*confirmation de lad. baronnie.*

Henry par la grace de Dieu Roy de France & de Navarre, à nos amés & feaulx confers les gens tenans nŕe Court de Parlement & Chambre de nos Comptes en Bretaigne, Senechaux de Rennes & de Fougères, ſalut : Nre cher & bien amé Gilles Ruellan ſieur de Tierſant, du Pleſſix, des Reneſveres & du Boiſbaudry en Tremblay nous a fait remonſtrer que le feu roy dernier deceddé nre très honoré Snẽur & frère que Dieu abſolve, en conſideraõn des merites & ſervices rendus à ceſt eſtat par feu Francoys du Breil vivant ſieur deſd. lieux du Rocher & du Pleſſix, Cher de ſon ordre & gentilhomme ordinaire de Sa Chambre auroit par ces lŕes patentes en forme de chartres données à Paris au mois d'aougſt mil cinq cens ſoixante quinze créé & érigé en nom tiltre dignité & préeminence de Barronnye lad. terre du Pleſſix & celle du Rocher avec grace & previllaige ſpécial tant aud. du Breil qu'à ſes ſucceſſeurs ou ayans caulſe à ladvenir pour plus ample decoration & ornemant de lad. Barronnye de joindre à icelle & y augmanter les terres & ſeigneuryes fief arrière fiefs & auẽs heritaiges proches & ès environs dicelles quils pourroient acquérir pŏr en eſtre deſlors joincſtz & liez comme il eſt plus particulierement porté par leſd. lettres cy atachées ſoubz le contreſcel de nre chanrie; leſquelles ayant eſte pñtées affin de verificaõn dicelles, vous auriez par vŕe arreſt du mois d'avril mil cinq cens ſoixante dix ſept auſſy cy ataché, ordonné quelles ſeroient leues & publiées en nŕe ſiege preal de Rennes & jour dau-

diance & aux iffues des grandes meffes des paroiffes où font fit-
tuées lefdictes terres pŏr les oppofans & pretandans intereffez
ouis, eftre ordonné ce que de raifon, depuis lequel temps tant
pŏr le decedz dud. feu Sʳ du Breil arrivez peu après que a caufe
des troubles furvenues en nŕe royaulme, la verificaŏn defd.
leŕes n'auroit efté pourfuivye, ce que le dict Ruellan qui eft à
pnt au droict dud. feu Sʳ du Breil aufd. terres du Rocher & du
Pleffiz defireroit faire à pnt, & atendu qu'en lad. terre du Rocher il ny a que juftice moyenne & baffe il vouldroit volontiers
l'extraire & féparer de lad. barronnye & au lieu dicelle felon la
permiffion jà concedée par lefd. lŕes aud. feu fieur du Breil
joindre & unir à celle du Pleffix lefdictes terres du Tierfant, des
Revefnieres & du Boifbaudry en Tramblay à toutes lefquelles
appartiennent tous droictz de juftice haulte moiene & baffe
grand nombre de fubiectz tant nobles que roturiers & qui font
de belle & grande eftandue dans les paroiffes du Tierfant,
Sᵗ Marc le blanc, Sᵗ Thomas de Baillé, Sᵗ George de Chauvigné,
Sᵗ Martin du Tramblay, Sᵗ Ouan des Alleuz, Sainct Hillaire des
Landes, Sᵗ Eftienne en Colles, Sᵗ Ouen de la Rouerye,
Sᵗ Gervays en Colles, & auŕs terres relevans immediatement
de nous à caufe de nŕe Barronnye de Fougeres, & au lieu
dudict nom du Rocher luy donner celluy du Tierfant nous
fupᵃⁿᵗ & requerant luy octroyer fur ce nos Lŕes patentes : Nous
à ces caufes ayant efgard aux raifons & confideraŏns portées par
lefd. Lŕes de nŕe feu feigneur & frère, avons en confirmant la
grace accordée par icelles aud. feu fieur du Breil & en faveur
& contemplaŏn des fervices que led. Ruellan nous a auffy ran-
dus, à icelluy de nouveau autant que befoing eft ou feroit, permis & octroyé de joindre & unir à ladicte terre du Pleffix lefd.
terres du Tierfant, de Reveffieres & du Boifbaudry en Tramblay
avecques toutes leurs apartenances & dependances & de nŕé grace
fpâl plaine puiffance & auctorité royal, voullons ordonnons &
nous plaift que dorefnavant & à toufiours elle porte le nom &
tiltre de Barronnye du Tierfant au lieu de celuy du Rocher

porté par lefdictes premieres Lrēs. Sy vous mandons & ordonnons que les fufd. Lrēs de nre dict feu Sr & frère vous ayez à vériffier & enthériner & du contenu en icelles & des pntes faire jouir & ufer led. Ruellan & fes fucceffeurs en lad. Barronnye du Tierfant plainement & paifiblement; ceffant & faifant ceffer tous troubles & empefchemans à ce contraire nonobftant la furrannaōn defdictes Lrēs & laps de temps depuis intervenu & quelles ne foient emmanées de nous, dont nous l'avons relevé & difpanfé, relevons & difpanfons par lefd. pntes, car tel & nre plaifir : donné à Paris le dixfeptiefme jōr de Décembre lan de grace mil fix cent huict & de nre regne le vingtiefme anfin figné : Henry. Et plus bas : par le Roy Potier : & figné du grand fceau en cire jaune fur fimple queue.

Lettres publiées & enregiftrées ouy & a ce confantant le procureur general du roy, pour en jouir l'impétrant bien & deubmant fuivant la volonté dud. feigneur fans quil puiffe prandre & lever fur fes hommes & fubiects plus grands debvoirs que les antiens & accouftumés. Faict en Parlemt à Rennes le dix huictièfme janvier mil fix cent dix.

# Table des Pièces Justificatives

*Achevé d'imprimer*

le 8 janvier mil huit cent quatre-vingt-sept

PAR

Alphonse LE ROY Fils

IMPRIMEUR BREVETÉ

RENNES